일러두기

* 우리나라 교육 현장에서의 성폭력 관련 논의는 2019년 교육부에서 발간한
  〈학교 내 성희롱·성폭력 대응 매뉴얼〉 등을 기준으로 번역에 반영했습니다.

⚠ 이 책에는 성 학대(Sexual abuse)의 정의와 그에 관한 이야기가 나옵니다.
  이런 내용을 담고 있는 경우, 각 장 앞에 경고 표시를 했습니다.

#미투, 그리고 나와 너

핼리 본디 글 ∣ 이주미 그림 ∣ 김선희 옮김

스푼북

이 책이 나올 수 있도록
용기 있게 자신의 이야기를 들려준
모든 사람들에게 감사를 전합니다.

목차

2017년에 사회관계망서비스(SNS)에 'Me Too'라는 해시태그(#Metoo)를 달아 자신이 겪었던 성범죄를 알리는 #미투 운동이 탄생했습니다.

하지만 먼저, 그 이전으로 잠시 돌아가 봅시다. '미투'라는 표현은 2006년에 미국의 사회 운동가 타라나 버크가 처음 사용했습니다. 버크는 특히 흑인 공동체에서의 성 학대 및 성희롱(Sexual harassment)에 대한 인식을 높이기 위해 '미투'라는 용어를 사용했어요. 어린 시절에 학대를 경험했던 버크는 주변의 많은 사람이 "나도 당했어."라고 말하는 걸 알고 크게 놀랐다고 합니다.

하지만 미투라는 용어와 운동은 2017년에 유명 인사들이 연루되면서 널리 알려졌어요.

#미투 운동이 시작된 건 당시 막강한 영향력을 행사하던 영화감독 하비 와인스타인 때문이에요. 〈펄프 픽션〉, 〈셰익스피어 인 러브〉 등 수많은 히트작을 제작한 영화계의 거물 와인스타인이 오랫동안 온갖 끔찍한 범죄에 연루된 사실이 속속 드러났지요. 알리사 밀라노, 셀마

헤이엑, 기네스 펠트로, 루피타 농오, 마돈나 등 수많은 할리우드 여배우들이 와인스타인과 관련한 끔찍한 이야기를 하나둘씩 폭로했습니다. 애슐리 쥬드는 와인스타인의 성적인 요구를 거부하자 그가 거짓말을 퍼트려 자신의 경력에 해를 끼쳤다고 했어요. 이 모든 비리가 드러나자, 와인스타인은 강간 및 성폭력 등의 범죄로 기소*되었지요.

이들의 용감한 고백으로 견고해 보이던 댐이 무너졌어요. 오랜 시간 침묵을 지키던 피해자들이 이에 용기를 얻어 자신의 학대 경험을 공개적으로 말하기 시작했습니다.

영화배우 케빈 스페이시, 코미디언 루이스 C.K., 가수 R. 켈리 그리고 뉴스 앵커 매트 라우어는 성희롱 등의 혐의로 기소된 유명 인사 중 극히 일부에 불과했어요.

하지만 이런 운동은 유명 인사들로 끝나지 않았어요.

전국 방방곡곡의 여자, 남자, 트랜스젠더 피해자들이 자신의 학대 경험을 공개적으로 이야기하기 시작했어요. #미투 해시태그가 온라인에 널리 퍼졌습니다. 피해를 입은 장소는 집, 학교, 직장 등이었고, 가해자는 친구, 보모 등 가까운 사람들이었어요. 피해자들은 더 이상 피해 사실을 숨기지 않고 말할 용기를 얻었습니다. 그리고 사람들은 그들의 말에 귀를 기울여 주었지요.

이런 성 학대 중 상당수는 피해자가 중·고등학생일 때 일어났습니다. 이들은 성인이 되어서도 그 고통에서 벗어나지 못하다가 #미투 운동을 통해 당당하게 말할 힘을 얻게 되었죠. 성 학대는 절대로, 누구에게도 일어나서는 안 됩니다. 하지만 안타깝게도 이런 일은 일어났고, 지금도

---

*기소: 검사가 법원에 심판을 요구하는 일.

여전히 일어나고 있습니다.

우리가 갈 길은 아직 멀고도 멉니다. 소녀 열 명 중 아홉 명이, 소년 5~8명 중 한 명이, 열여덟 살이 되기 전에 성인이 저지르는 성폭력(Sexual assault)의 피해자가 될 수 있습니다. 그리고 피해자의 40퍼센트는 자기보다 나이가 많거나 힘이 센 사람한테 성 학대를 당합니다.

성 학대는 아주 일상적으로 일어납니다. 우리는 더 이상 그것을 용납해서는 안 됩니다.

인터넷의 보급으로 가해자들이 악질적인 사이버 폭력을 저지르는 게 훨씬 쉬워졌지만, 여전히 대다수의 성 학대는 믿었던 가족 구성원, 친구, 교사, 남자 친구, 여자 친구, 목사 또는 아는 사람에 의해 일어나고 있습니다.

성 학대를 다룬 이런 책을 쓸 필요가 없는 세상이었으면 얼마나 좋을까요? 하지만 제 자녀를 비롯해 세상의 모든 아이를 위해 나는 지금 이 책을 쓰고 있습니다.

언젠가 동의, 학대, 괴롭힘, 보복, 상담, 정서적 트라우마, 연대, 강압적인 행동을 피하는 것, 학대와의 싸움, 학대에 대한 올바른 인식, 그루밍의 심각성, 안전하게 살아가는 방법 등의 주제가 모든 학교 교과 과정의 일부가 될 것이라고 생각합니다. 이 모든 것이 언젠가 '옛날 옛적'의 지나간 범죄가 되는 날을 희망해 봅니다.

그렇게 될 때까지, 이 책이 여러분에게 #미투에 관한 중요한 가이드북이 되었으면 좋겠습니다.

1장에서는 인간관계, 동의, 힘의 역학 구조, 경계선 등에 대한 기초적인 내용을 다룰 거예요. 여기서는 성적인 내용이나 폭력적인 내용은 다루지 않습니다. 1장을 읽고 나서, 잠시 책을 내려놓고 이런 묵직하고 심각한 주제를 읽을 준비가 되어 있는지 생각해 보길 바랍니다. 만약 준비가 안 된 것 같으면, 준비가 될 때까지 기다려 주세요. 알겠지요?

2장부터는 학대의 정의에 대해 이야기할 거예요. 나는 피해자들이 겪은 학대 이야기를 직접 모았고, 실명은 가명으로 바꾸었습니다. 또한 주제가 명확히 드러나도록 허구의 이야기도 몇 가지 덧붙였습니다. 여러분이 어떤 이야기가 실화이고 허구인지 구별할 수 있도록 표시해 두었습니다. 학대는 인간관계 속에서 다른 사람들을 올바로 대하는 문제와 관련되기에, 성적인 것과 관계없는 이야기도 나옵니다.

여러 이야기를 통해 '사건'이 어떻게 처리되었는지 그리고 어떻게 처리되어야 하는지를 알게 될 거예요. 사법 정의를 추구하는 것, 정서적 도움을 구하는 방법, 그리고 시스템이 붕괴되었을 때 어떤 일이 일어나는지를 배우게 될 거예요.(불행하게도, 시스템 붕괴는 종종 일어납니다.) 학대 행위를 알아차리는 방법과 스스로 그런 학대 행위를 예방하는 방법도 배우게 될 거예요. "자신이 학대받은 사실에 대해 얼마나 많은 사람이 거짓말을 할까?" 그리고 "만약 …… 한다면 이것도 학대일까?"와 같은 중요한 질문에 대한 답을 배우게 될 거예요.

마지막으로, 피해자들과 연대하는 방법에 대해, 그리고 학교는 물론이고 세계 곳곳에서 일어나는 학대에 좀 더 광범위하게 맞서는 법도 배우게 될 거예요.

2장에서 6장까지의 내용에는 성적 언어 및 폭력적 언어가 포함되어 있습니다. 이것은 교육을 목적으로 실은 내용이지만, 주의해서 읽기 바랍니다. 만약 책의 내용이 혼란스럽다면, 두려워 말고 믿을 만한 어른과 이야기를 나누길 바랍니다.

이 책을 읽다 보면 때때로 화가 치밀어 오르거나 절망에 빠질지도 모르겠어요. 이런 주제를 이야기할 때 눈물을 흘리지 않는 건 거의 불가능하죠. 우리는 학대가 무엇인지 교육받아야 하지만, 그것이 각자 자신의 삶을 즐기고, 행복하게 살아가며, 사랑하는 사람들을 신뢰하는 데에 방해가 되면 안 돼요. 대신, 그러한 여러분의 행복과 신뢰가 여러분으로 하여금 변화를 이끌어 낼 수 있는 동기가 되어야만 합니다. 학대를 당하는 사람이 누구든 상관없이 말이에요. 우리가 살아가면서 이 책에 나온 사례들을 직접 마주치지 않을 수도 있습니다. 여러분이 그러하기를 진심으로 바랍니다. 그럼에도, 우리가 정말 세상을 바꾸고자 한다면 제대로 된 교육을 받아야 하고, 경계심을 늦추지 말아야 합니다.

이 책을 손에 들고 있는 독자 여러분은 아직 어리고 젊습니다. 하지만 이미 커다란 한 발짝을 내디뎠죠. 이 세상을 좀 더 살기 좋은 곳으로 만들기 위해 이 어려운 주제를 배울 준비가 되어 있습니다. 여러분의 성(性)이 무엇이든, 어떤 성 정체성을 지녔든 이 책은 누구에게나 적용됩니다. 학대를 뿌리째 뽑아내려 한다면, 누구나 #미투 운동의 일부가 되어야 해요.

우리와 한배에 탄 것을 환영합니다!

1장

기초 : 인간관계, 힘의 역학 관계, 동의 그리고 경계선

솔직하게 말하면 #미투는 슬프고도 우울한 주제가 될 수 있습니다. 하지만 지금 우리는 함께하고 있어요. 좋은 소식은 여러분이 비교적 편안하게 생각할 수 있는 매우 흥미로운 주제, 즉 인간관계에서 모든 논의를 시작한다는 거예요.

인간관계는 누군가와 맺고 있는 연결 고리입니다. 여러분은 엄마, 선생님, 친구, 편의점 점원, 남자 친구, 여자 친구, 그다지 잘 알지 못하는 학교 아이들과도 인간관계를 맺고 있어요. 인간관계는 모두 각기 다른 느낌으로 다가옵니다. 어떤 인간관계는 삶에서 의미가 무척 깊기도 하죠.

여러분은 또래와 관계를 맺을 수도 있어요. 예를 들면, 비슷한 연령대의 친구, 같은 반 학우, 남자 친구, 여자 친구, 프로젝트 팀원 등이 있어요.

성인 또는 연령대가 다른 사람들과의 관계, 이를테면 선생님, 부모님, 멘토, 또는 나이 차이가 크게 나는 여동생과 인간관계를 맺고 있기도 하지요.

아주 특별한 경우가 아니라면 인간관계는 자신의 의시와 상관없이 도처에 존재해요. 학교에 가면 선생님이 있습니다. 친척들은 주변에서 각자 자기가 할 일을 합니다. 친구를 비롯해 중요한 누군가를 직접 선택하기도 하지만 그 상호 작용에 대해서는 그다지 깊이 생각하지 않죠.

이 책에서 여러분은 한발 물러서 비판적인 눈으로 인간관계를 살펴보게 될 거예요. 그게 무슨 뜻이냐고요?

여러분이 아프면, 의사 선생님이 증상을 꼼꼼하게 살펴봅니다. 의사 선생님은 의료 기구를 사용해 진단할 뿐만 아니라 여러분에게 질문을 쏟아냅니다. 그걸 통해 무슨 문제가 있는지 알아내지요. 어쩌면 아무 문제도 없을지 모르지만, 적어도 의사 선생님께 별일 아니라는 확인을 받을 수 있습니다. 하지만 몸에 문제가 있는데도 검사하지 않으면 결국 건강을 해치게 될 거예요.

우리는 앞으로 이런 방식으로 인간관계에 관해 이야기를 나눌 거예요. 여러분의 인간관계가 모두 건강하면 좋겠어요. 하지만 만약 제대로 살펴보지 않으면, 건강하지 않은 인간관계가 결국 커다란 상처를 불러올 수 있어요. 이를테면 위장병을 그냥 내버려 두면 끔찍한 복통을 앓게 되듯이요.

이번 장에서는 학대의 징후를 알아차리고 적절한 행동을 취하는 방법을 다룹니다. 또한 또래끼리의 인간관계에 초점을 맞출 거예요. 1장에는 성적이거나 폭력적인 내용이 들어 있지 않아요. 지금 당장은 1장 정도만 읽을 준비가 되어 있는지도 모르겠네요. 그래도 괜찮아요.

계속해서 읽을 각오가 되었다면, 이번 장은 성적이고 폭력적인 내용이 포함된 다음 장들로 나아가는 아주 중요한 디딤돌이 되어 줄 겁니다.

건강한 인간관계, 건강하지 못한 인간관계, 동의, 권력의 역학 관계, 경계선, 자기 결정권, 권리 그리고 위험 신호 등 기초부터 차근차근 이야기해 보도록 합시다.

(1) 건강한 인간관계

여러분의 인간관계는 얼마나 건강한가요? '파워 업, 스피크 아웃!(Power Up, Speak Out!)'이라는 젊은이들을 위한 인간관계 교육 프로그램에서는 건강한 또래 인간관계에 다음과 같은 규칙이 필요하다고 정의하고 있어요.

- 나는 내가 될 수 있다.
- 나는 '아니요(No)'라고 말할 수 있다.
- 나는 즐겁다.
- 나는 다른 사람들을 적절히 대한다.

자, 하나씩 살펴봅시다. 여러분 삶에서 또래와의 인간관계를 생각해 보고, 다음의 내용이 맞는지 각자 판단해 보세요.

① 나는 내가 될 수 있다

이 말은 누군가와 친구가 되기 위해 나 자신을 바꿀 필요가 없다는 뜻입니다. 건강한 인간관계의 또래 친구들은 나보고 어떻게 입으라고 말하지 않아요. 또 내 피부색, 외모, 성적 취향, 내 성 정체성을 있는 그대로 받아들입니다. 나는 내가 원하는 사람 누구와도 함께 어울릴 수 있어요. 그렇게 해도 내 친구들은 여전히 나를 좋아해요.

또래 친구와 의견이 다를 수도 있어요. 비록 그것이 이따금 언쟁을 불러일으켜도, 그건 지극히 평범한 일입니다. 하지만 만약 또래 친구가 '내 자신의 모습'에 대해 지속적으로 기분 나쁘게 한다면, 건강하지 않은 인간관계를 맺고 있는 건지도 모르죠.

어떻게 생각하나요? 인간관계를 맺고 있는 또래 모두가 여러분을 '내 자신의 모습'으로 살아가도록 해 주나요?

② 나는 '아니요'라고 말할 수 있다

만약 특정 상황이 불편하거나 바꿀 필요가 있을 때 '노'라고 말할 수 있어야 합니다. 건강한 인간관계에서는, '노'라고 말해도 다음과 같은 일은 일어나지 않아요.

놀림을 당한다. 건강한 인간관계라면, '노'라고 말했다고 해서 상대방이 여러분을 놀리지 않습니다. 가벼운 농담은 있을 수 있지요. 하지만 그 사람이 정말로 여러분을 과소평가하고, 심하게 놀리고, 여러분이 '노'라고 했다는 걸 다른 사람들에게 떠들어 대는 건 또 다른 문제예요. 농담을 하는 것과 누군가에게 큰 상처를 주는 건 달라요.

압력을 받는다. 건강한 인간관계라면, 서로에게 부담을 주지 않습니다. 여러분이 '노'라고 말하면, 상대방은 그 말을 곧이곧대로 받아들여야 해요. 다시 말하지만, 때때로 사람들은 농담으로 가벼운 부담을 주기도 해요. 하지만 만약 누군가 여러분을 심각하게 압박하고 그 압박이 이어진다면, 그건 건강하지 않은 행동일 수도 있어요.

강제로 하게 된다. 만약 뭔가를 억지로 해야 한다면, 그건 선택의 여지가 없다는 뜻입니다. 누군가가 여러분이 하고 싶지 않은 일을 억지로 하도록 강요한다면, 그 관계는 아주 건강하지 못한 상태입니다.

안 좋은 결과에 대한 두려움을 느낀다. 만약 '노'라고 말했을 때 불러올 결과 때문에 '노'라고 말하지 못한다면, 건강하지 못한 인간관계에 있는 거예요. 예를 들면, 건강하지 못한 인간관계를 맺고 있는 친구는, 자기를 위해 여러분이 뭔가를 해 주지 않으면 더 이상 친구가 아니라고 말할지도 모릅니다. 또는 다른 사람들에게 여러분의 중요한 비밀을 폭로할 거라고 위협할지도 모르죠. 또는 엄청나게 화를 내거나 의기소침해할지도 모릅니다.

여러분은 모든 또래 인간관계에서 '노'라고 말할 수 있나요?

③ 나는 즐겁다

아주 단순합니다. 건강한 인간관계라면, 상대와 관계를 맺고 있다는 그 자체가 기분이 좋습니다. 텔레비전 드라마보다 더 큰 즐거움을 느끼죠.

물론, 인간관계가 항상 즐거운 건 절대 아니에요. 하지만 일반적으로 또래 인간관계에서 좋은 감정은 나쁜 감정보다 훨씬 크게 나타납니다.

④ 나는 다른 사람들을 적절히 대한다

건강한 인간관계를 유지하려면 각자 책임을 다해야 합니다. 여기 기본 원칙이 있어요.

다른 사람들 또한 '그 사람의 모습'으로 살아가도록 내버려 두어야 해요. 내가 대우받고 싶은 방식으로 그 사람을 대우해야 합니다.

다른 사람들을 존중해야 합니다. 다른 사람들 역시 '노'라고 말할 수 있게 해 줘야 해요.

여러분은 다른 사람들을 제대로 대하고 있나요? 앞으로도 이 원칙을 계속 따르겠다고 맹세할 수 있나요? 좋아요. 벌써 미래가 좋아 보이네요.

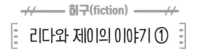

—//— 허구(fiction) —//—
리다와 제이의 이야기 ①

리다와 제이는 수업이 얼른 끝나기만을 기다렸어요. 빨리 복도에서 만나 이야기하고 싶었거든요. 리다는 라커에서 제이를 보면 기분이 금세 좋아져요.

"안녕, 제이!"

리다가 말했어요. 제이는 리다를 보고 활짝 웃었습니다.

"안녕, 리다!"

리다가 제이한테 쪽지를 건네더니 씩 웃으며 말했어요.

"네가 나랑 함께 연극부에 들어야 하는 이유가 이 쪽지에 다 들어 있어. 넌 그 이유에 대해 절대 반박 못할걸."

"아, 그래? 그런데 어쩌지, 문제가 좀 있어. 난 노래도 못 부르고 춤도 못 추고 연기도 못해! 그냥 축구나 하는 게 더 좋을 것 같은데."

제이가 장난스럽게 말했어요. 제이의 말에 둘은 웃음을 터뜨렸어요. 리다는 실망스러웠지만 제이 말이 맞아요. 둘은 나란히 복도를 걸어갔습니다. 제이는 손을 내밀어 리다의 손을 살며시 잡았어요. 리다도 손을 꼭 잡았지요. 둘은 손을 꼭 잡고 복도를 걸어갔어요. 그러다 리다의 친구들, 로빈과 페니 옆을 지나치게 되었어요.

리다가 친구들을 보자마자 손을 휙 뿌리쳤어요. 리다는 제이를 좋아하지만, 제이와 사귀고 있다는 걸 친구들에게 알릴 준비가 아직 되어 있지 않았으니까요. 둘은 로빈과 페니와 잠깐 대화를 주고받았어요. 친구들이 가자 제이가 물었죠.

"괜찮아?"

"응."

리다가 대답했어요. 리다는 제이에게 손을 내밀었고, 둘은 다시 손을 잡고 함께 걸어갔어요.

사례 속 리다와 제이의 인간관계는 건강합니다. 왜 그럴까요? 지금부터 그 이유를 살펴볼게요.

Q. 둘은 재미있게 지내나요?

맞아요. 둘 다 함께 시간을 보낼 때 행복합니다.

Q. 리다는 자신의 모습대로 행동할 수 있나요?

네. 리다는 제이와 함께 있으면 행복하고 들떠요. 그리고 편안한 느낌이 들어요. 리다는 연극부에 대해 나름의 의견을 가지고 제이에게 제안했고 그것 때문에 불이익을 받지 않아요.

Q. 제이는 자신의 모습대로 행동할 수 있나요?

네. 제이는 리다를 보면서 행복하고 들떠요. 그리고 편안한 느낌이 들어요. 제이는 연극과 축구에 대해 나름의 의견과 신념이 있고, 그것 때문에 불이익을 받지 않아요.

Q. 제이는 '아니요'라고 말할 수 있나요?

네. 제이가 연극부에 들어가는 문제에 대해 '아니요'라고 말해도 둘의 인간관계는 잘못되거나 끝나지 않아요. 리다가 살짝 실망했지만 괜찮아요. 리다는 제이의 의견을 존중해요.

Q. 리다는 '아니요'라고 말할 수 있나요?

네. 리다는 친구들이 주변에 있을 때 제이한테 '아니요'라고 말할 수 있어요. 제이는 살짝 걱정스러웠지만, 다시 손을 잡을 때 강압적으로 행동하거나 리다에게 불이익을 주지 않았어요.

Q. 둘은 서로를 적절하게 대하고 있나요?

네. 둘은 서로를 아주 잘 대하고 있습니다. 둘은 건강한 인간관계의 규칙을 잘 따르고 있습니다.

(2) 건강하지 않은 인간관계

건강하지 않은 인간관계는 앞에서 제시한 규칙 중 한 가지 이상이 깨진 관계예요. 보통 많은 게 깨지죠.

만약 이런 규칙 파괴가 지속적으로 일어난다면, 그 인간관계는 건강하지 못하다고 할 수 있어요. 건강하지 못한 인간관계는 흔히 여러분을 불편하게 하거나 또는 기분 나쁘게 만들죠.

―――― 허구(fiction) ――――
리다와 제이의 이야기 ②

이제, 같은 이야기 속에서 건강하지 못한 행동을 생각해 봅시다.

리다는 제이가 아직도 연극부에 가입하지 않아 무척 화가 났어요. 라커에 있는 제이한테 달려가 제이의 손에 쪽지를 꾸겨 넣으며 사납게 쏘아붙였어요.

"이 쪽지에 네가 연극부에 들어와야 할 이유를 다 적어 놨어."

제이는 완전히 어처구니가 없었어요.

"이봐, 리다. 난 그럴 수 없어. 난 연기도 못하고 노래도 못하고 춤도 못춰. 하고 싶지 않아. 난 축구 선수라고."

리다는 엄청 화가 나 울기 시작했어요.

"네가 어떻게 나한테 이럴 수 있어? 난 네가 날 좋아한다고 생각했어.

그런데 네 행동은 그렇지 않아."

리다가 제이한테 말했어요. 제이는 리다를 화나게 하고 싶지 않았어요.

"좋아, 좋아. 리다, 그게 그렇게 중요한 거라면, 내가 연극부에 들어갈게."

리다는 행복에 겨워 활짝 웃었어요. 리다는 제이의 손을 잡고, 둘은 복도를 걸어가기 시작했어요. 제이는 육체적인 관심과 접촉을 좋아해요. 그래서 계속 리다의 손을 잡고 있었어요. 사실, 이런 말은 하고 싶지 않았지만, 이것이 바로 자신이 리다의 성질을 참고 견디는 유일한 이유였어요. 제이는 리다가 계속 입맞춤해 주기를 바라고 있었어요. 아니, 어쩌면 그 이상을……

둘은 리다의 친구들, 로빈과 페니와 마주쳤어요. 리다는 제이의 손을 놓고, 친구들과 수다를 떨었어요. 제이는 속으로 화가 끓어올랐어요.

로빈과 페니가 가고 난 뒤, 제이가 물었어요.

"왜 내 손을 놓은 거야?"

"친구들 앞에서는 네 손을 잡고 싶지 않았으니까."

리다가 대답했어요.

제이는 휙 뒤돌아 가버렸어요. 제이는 자기가 연극부에 들어가기로 약속한 게 화가 났어요. 그리고 리다가 자기 손을 계속 잡고 있지 않은 것도 화가 났어요.

키스를 하려면, 아니 그 이상을 하려면 뭘 더 어떻게 해야 하지?

리다는 자기가 제이를 화나게 했다는 걸 깨달았어요. 그래서 제이 뒤를 쫓아가 얼른 손을 잡았어요. 제이가 손을 빼자, 리다는 다시 손을 잡았어요. 리다는 자신의 행동에 대해 지나칠 정도로 사과했어요. 마침내, 제이는 마음을 풀었고 둘은 손을 잡고 다시 걸어갔어요.

이런! 이건 건강하지 못한 인간관계예요. 그걸 어떻게 아냐고요?

상관 없어!

안타까워.

안 할 거야.

다음에 하자.

괜찮니?

내 잘못이 아니야.

그러니깐… 내 생각은….

함부로 말하지 마!

난 재밌어.

Q. 둘은 즐겁게 지내나요?

아니요. 둘은 스트레스를 받고 있어요. 서로 불편하고 화가 나 있어요. 잠깐 괜찮다가 이내 화를 냅니다. 리다는 제이의 선택 때문에 아주 쉽게 화를 내요. 제이는 육체적 관심 때문에 리다를 '참고 견딥'니다. 제이는 심지어 리다 옆에 있는 걸 좋아하지도 않는 것 같아요. 두 사람 다 즐겁게 지내지 못합니다.

Q. 제이는 자신의 모습대로 행동할 수 있나요?

아니요. 제이는 리다를 즐겁게 해 주기 위해서 축구 대신 연극을 해야 합니다. 제이는 단지 리다가 화를 내지 않도록 자신의 모습을 바꾸었어요.

Q. 리다는 자신의 모습대로 행동할 수 있나요?

아니요. 리다는 친구들 앞에서 제이의 손을 잡고 싶어 하지 않아요. 제이는 리다가 어떤 기분인지 신경 쓰지 않습니다. 그저 리다와의 육체적 관계에 관심을 가지고 접촉을 원할 뿐이에요. 제이의 관심을 계속 받기 위해서, 리다는 자신의 모습대로 행동할 수 없어요. 그래서 당혹스러워요.

Q. 제이는 '아니요'라고 말할 수 있나요?

아니요. 제이는 리다에게 싫다고 말할 수 없습니다. 그랬다가는 리다가 화를 내고, 그만 헤어지자고 위협할 테니까요.

Q. 리다는 '아니요'라고 말할 수 있나요?

아니요. 리다는 사람들 앞에서 제이와 손잡는 걸 싫다고 말할 수 없어요. 그랬다가는 제이가 부루퉁해서 가 버릴 테니까요. 리다는 제이를 잃을까

봐 두려워요. 그래서 싫다고 말할 수 없어요.

Q. 둘은 서로를 잘 대하나요?

아니요. 리다와 제이는 서로를 존중하지 않아요. 서로 뭔가를 얻기 위해 상대방을 이용하고 있어요. 둘은 건강한 인간관계의 규칙을 따르지 않고 있습니다.

Q. 건강하지 못한 인간관계는 어떻게 일어나나요?

제이와 리다의 관계가 처음부터 이렇지는 않았을 거예요. 건강하지 않은 인간관계는 서서히 악화되지요. 둘은 각자 상대방한테서 무언가를 원합니다. 하지만 그걸 얻을 수 없어요. 그래서 서로를 감정적으로 대하고 둘의 관계를 냉철하고 객관적으로 바라보지 못해요.

Q. 무슨 일이 일어나고 있나요?

인간관계에는 우리가 볼 수 없는 것들이 많아요. 동의, 경계선, 자기 결정권, 힘의 역학 관계, 권리, 위험 신호 등 눈에 보이지 않는 요소들이 인간관계를 좋게 만들 수도 있고, 나쁘게 만들 수도 있죠. 그래서 이런 요소들을 생각해 보는 게 중요합니다.

(3) 동의

동의한다는 건 '예스'라고 말하거나 분명하게 허락한다는 뜻입니다. 이처럼 동의 하에 이루어지는 상호 작용을 합의되었다고 하지요.

만약 동의하지 않는다면, 그건 '노'라고 말하거나 또는 분명하게 허락하지 않았다는 뜻입니다. 이렇게 동의 없이 상호 작용이 이루어질 경우

합의되지 않았다고 합니다.

'파워 업, 스피크 아웃!'에서는 동의에 관한 규칙을 다음과 같이 분명하게 밝히고 있어요.

– 동의는 두 사람 사이에 능동적이고 적극적인 상호 작용을 통해 이루어진다.

– 동의는 구체적인 행동에 관한 것이다.

– 동의는 자유롭고 분명한 사고에서 이루어져야 한다.

– 동의는 언제든 철회할 수 있다.

① 동의는 두 사람 사이에 능동적이고 적극적인 상호 작용을 통해 이루어진다

우리는 언어와 몸짓으로 의사소통합니다. 동의는 두 사람 모두 이런 의사소통을 통해 합의에 이르렀다는 뜻이지요.

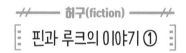

허구(fiction)
핀과 루크의 이야기 ①

핀과 루크는 야구공을 주고받고 있었어요. 둘은 서로 마주 보며 상대방이 공을 받을 준비가 되어 있는지 확인했습니다. 이따금 공을 던져도 되는지 확신이 서지 않을 때면 핀이 물었어요.

"준비됐어?"

이 이야기는 동의가 뭔지 보여 줍니다. 핀과 루크는 의사소통을 하고 있습니다. 둘 모두 서로 합의 아래 게임을 하며, 언어적·비언어적 신호를

사용해 공을 주고받습니다.

이제, 이 이야기의 비동의적 버전을 보도록 하죠.

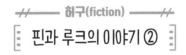

핀과 루크는 공을 주고받고 있었어요. 루크는 핀한테 신발 끈을 묶을 시간이 필요하다고 말했습니다. 그런데 핀은 그냥 공을 던졌어요. 루크는 무방비 상태에서 옆구리에 공을 맞고 말았어요. 루크는 화가 나서 더 이상 게임을 하지 않겠다고 말했어요. 핀은 루크를 놀리며, 게임을 이어 나가도록 압박했어요.

"아기처럼 징징대지 좀 마."

핀은 루크와 함께 공을 주고받은 게 아니라 일방적으로 공을 던졌어요. 둘은 서로 의사소통을 제대로 하지 못했고, 언어적·비언어적으로 합의에 이르지 못했습니다. 설상가상으로 핀은 루크를 압박해서 루크가 싫다고 말하기 어렵게 만들고 있어요.

② 동의는 구체적인 행동에 관한 것이다

만약 무언가에 대해 '예스'라고 말했다면, 여러분은 그 특정한 행동에 대해서만 '예스'라고 말한 거예요. 그 외의 것들에 대해 동의를 한 게 아닙니다.

—// —— 허구(fiction) —— //—
벨라와 트레야의 이야기 ①

벨라와 트레야는 방과 후 프로그램에서 함께 어울려 놀고 있었어요. 벨라는 엄마한테 전화할 일이 있다며 트레야에게 휴대 전화를 빌려달라고 부탁했어요. 트레야는 그러라고 했지요. 그런데 벨라는 엄마와 전화 통화를 하고 나서, 휴대 전화에 저장된 트레야의 사진을 넘겨 보기 시작했어요.

트레야가 말했어요.

"야, 내 사진 보지 마."

"네가 휴대 전화 써도 된다고 했잖아. 왜 그래? 뭐 숨기는 거라도 있어? 뭔지 찾아봐야겠네."

벨라가 말했어요. 그리고는 트레야의 사진을 계속 넘겨 봤어요. 그게 다가 아니었어요. 방과 후 프로그램을 함께하는 다른 아이들에게 트레야의 사진을 보여 주기까지 했어요.

트레야는 벨라한테 자기 전화로 통화를 해도 좋다고 동의했어요. 트레야는 그 특정 행동에 대해서만 허락해 준 거예요. 자기 사진을 넘겨 봐도 좋다고 동의하지는 않았습니다. 벨라의 행동은 트레야에게 사생활을 침해당한다는 느낌을 줄 수도 있습니다. 트레야는 자기 사진을 다른 아이들에게 보여 줘도 좋다고 동의하지 않았어요.

③ 동의는 자유롭고 분명한 사고에서 이루어져야 한다

만약 어떤 사람이 술에 취해 있거나, 의식이 없거나 잠들어 있거나 건강한 상태가 아니라면, 그 사람한테서 동의를 얻을 수는 없습니다.

또한 법적으로, 미성년자는 특정한 상황에서 어른들에게 동의를 제공할 수 없어요.

④ 동의는 언제든 철회할 수 있다

우리가 행한 모든 말과 행동을 철회할 수 있는 건 아닙니다. 누군가에게 했던 야비한 말을 철회할 수는 없어요. 누군가는 벌써 상처를 입었기 때문이지요. 친구한테 컵케이크를 준 걸 철회할 수는 없어요. 친구가 이미 먹어 버렸으니까요.

하지만 동의는 철회할 수 있습니다. 같은 이야기를 살짝 비틀어 살펴보도록 하죠.

—// —— 허구(fiction) —— //—

벨라와 트레야의 이야기 ②

벨라는 자기 엄마한테 전화를 걸기 위해 트레야에게 휴대 전화를 좀 써도 되냐고 물었어요. 트레야는 기꺼이 허락했고요. 벨라는 엄마한테 전화를 걸었지만 통화가 끝나고 나서 휴대 전화 속 트레야의 사진을 넘겨 보기 시작했습니다.

트레야가 말했어요.

"야, 내 사진 보지 마."

"하지만 네가 휴대 전화 사용해도 된다고 했잖아. 왜 그래?"

벨라가 말했어요.

트레야는 휴대 전화를 낚아챘어요.

"더 이상 못 써."

트레야는 휴대 전화를 빼앗아 동의를 철회했어요. 그건 트레야의 휴대 전화고, 그렇게 하는 건 트레야의 권리니까요. 만약 벨라가 트레야의 경계선을 침범하지 않았다 할지라도, 트레야는 여전히 언제든 자신의 휴대 전화를 되가져 갈 권리가 있습니다. 그건 트레야의 휴대 전화이고, 동의는 철회할 수 있으니까요.

(4) 힘의 역학 관계

인간관계에는 모두 힘의 역학이 있습니다. 여기서 중요한 건 '힘의 역학이 동등한가, 동등하지 못한가?'예요. 만약 동등하지 못하다면, 누구 힘이 더 강할까요? 누가 더 약할까요?

같은 나이대의 가까운 친구들끼리는 동등한 힘의 역학 관계에 있을지 몰라요.

교사와 학생 사이 또는 고학년 학생과 저학년 학생 사이에는 동등하지 못한 힘의 역학이 있을지도 모르죠.

그런데 힘의 역학 관계는 애매모호한 경우가 많아요. 또래 두 명이 있는데 한 학생은 아주 인기가 많고 친구도 많은 반면, 다른 한 명은 학교에 새로 전학을 와서 아직 친구가 별로 없다면, 이런 상황에서는 인기가 많은 아이에게 더 강한 힘이 있지요.

다른 역학 관계에서는, 친구가 별로 없는 아이가 더 힘이 셀 수도 있어요. 둘 다 축구부인데 인기가 없는 친구가 축구를 잘하고 그 친구를 코치 선생님이 예뻐한다면 이쪽의 힘이 더 셀 거예요. 또 축구 경기장에서는 학교에서의 인기가 중요하지 않기도 하지요. 이렇듯 힘의 역학 관계는 변할 수 있습니다. 하지만 보통은 어른이 아이보다 더 강한 힘을 지닌다고 할 수 있어요.

만약 힘의 역학 관계에서 약한 쪽에 있다고 해서, 여러분의 상황이 나쁘거나 약한 사람이라는 뜻은 아닙니다. 누구나 때때로 힘이 약할 수도, 어떤 때에는 힘이 셀 수도 있습니다. 힘의 역학 관계를 통제하거나 변화시키는 건 아주 힘들어요. 여러분이 하루아침에 어른이 될 수는 없듯이요.

힘의 역학 관계에는 아주 중요한 황금률이 하나 있습니다. 이 책에서 다른 건 눈여겨보지 않더라도, 이것만은 꼭 알아 두기 바랍니다.

만약 가능하고 적절하다면, 역학 관계에서 힘이 더 강한 사람은 자신의 힘을 상대적으로 힘이 약한 사람들에게 도움이 되도록 선하게 사용해야 합니다.

╫── 허구(fiction) ──╫
┊ 미아의 이야기 ┊

매해 2월 흑인 역사의 달(Black History Month)이 되면 미아네 역사 선생님은 평상시의 수업 진도를 제쳐 두고 마틴 루서 킹 목사, 셜리 치점, 엔젤라 데이비스 등 중요 시민권 운동가들에 대해 가르쳤습니다. 수 세기 동안 불공정하게 대접받던 아프리카계 미국인으로서 수많은 난관을 극복하고 평등을 위해 싸웠기에, 수업 시간에 이 영웅들을 기려야 했지요.

하지만 교실에서 유일한 아프리카계 미국인이었던 미아에게는 정서적으로 매우 힘든 시간이었습니다.

2월 어느 날, 마이크라는 학생이 토론 중에 큰 소리로 불만을 토로했어요.

"우리가 왜 이딴 걸 배워야 해요? 우리 교실에서는 미아 혼자 흑인이에요.

그리고 미아는 이런 거 이미 다 알고 있어요. 맞지, 미아?"

마이크의 말에 다른 학생들은 낄낄 웃어 댔어요. 그중 몇몇은 마이크의 말에 동조했고요.

미아는 너무 창피해서 의자 깊숙이 몸을 밀어 넣었어요. 이런 공격에 어떻게 대응해야 할지 몰랐지요. 미아는 아이들이 자신을 공격하는 느낌을 분명하게 받았어요. 미아네 반 아이들은 아프리카계 미국인들이 어떤 고통을 겪었는지 이해하지 못합니다. 또한 그 문제에 대해 관심도 없었어요. 미아는 다른 학생들이 적대적이라는 느낌을 받았어요. 교실에서 유일한 흑인이라는 것 때문에, 미아에게는 기댈 만한 존재가 없었어요.

역사 선생님은 마이크를 비롯해 웃은 아이들에게 수업이 끝나고 학교에 남으라고 단호하게 말했어요. 역사 선생님은 인종 차별적인 언어를 사용하는 게 얼마나 나쁜지 가르치려 했어요. 하지만 자신이 목격한 이 장면에 엄청 화가 났죠. 그래서 수업이 끝나고 학교에 남는 벌만으로는 충분하지 않다고 생각했어요. 한편, 역사 선생님은 미아가 이런 특별 수업 시간에는 유독 말이 없고, 2월에는 수업에 자주 빠진다는 사실을 알아차렸어요. 이건 미아에게는 무척 드문 일이었어요.

역사 선생님은 미아에게 이 문제에 대해 당당하게 말하라고 강요하는 대신(이렇게 하면 미아가 더 주눅 들지도 몰라요.) 감독관 및 교장 선생님과 만나 미아가 처한 상황을 이야기하고, 더 많은 아프리카계 미국인 학생이나 선생님들을 학교에 모아서 미아 같은 학생들이 편안하게 느꼈으면 좋겠다고 제안했습니다. 그 일환으로, 자신이 직접 유색인 학생들을 위한 다양성 그룹을 만들어도 괜찮은지 물었어요. 그렇게 하면 미아 같은 학생들이 도움을 받을 수 있을 것 같았거든요.

또한 역사 선생님은 다양성 및 흑인 역사에 대한 수업을 특별한 날에 따로 하지 않고 정규 수업 시간에 포함시키기로 결정했어요. 한편, 미아에게는 불편하면 정규 흑인 역사 수업에 빠져도 된다고 말했어요.

미아는 학교에서 수적으로 열세예요. 미아의 피부색은 교실의 다른 아이들과 확연하게 차이가 납니다. 아무리 똑똑하다 해도, 미아는 힘의 역학 관계에서 약한 편에 속합니다. 특히 인종에 대한 토론 시간에 그렇죠.

역사 선생님과 미아는 교사와 학생의 관계에 있습니다. 따라서 미아는 역사 선생님과의 힘의 역학 관계에서도 아래에 놓여 있습니다.

마이크를 비롯한 미아네 반 아이들은 자신들이 미아보다 우월한 위치에 있다는 사실을 자각하지 못하고 있습니다. 이들은 자신들이 미아보다 수적으로 우세하고 아프리카계 미국인은 학교에서 따돌림을 당하고 트라우마를 겪고 있다는 걸 신경 쓰지 않거나 깨닫지 못하고 있습니다. 이런 학생들은 미아의 인종이 큰 문제가 아니라고, 그래서 자신들이 그것에 대해 배울 필요가 없다고 짐작했어요.(잘 알지도 못한 채 말이에요.) 마이크는 그 과정에서 미아를 창피하게 만들었어요. 그리고 다른 아이들도 여기에 동조했고요. 마이크와 미아네 반 친구들은 모두 힘의 역학 관계에서 지켜야 할 황금률을 깼습니다.

고맙게도, 역사 선생님은 이런 상황에서 자신이 지닌 힘을 자각하고, 미아의 학교생활이 더욱 편안해질 수 있도록 변화를 가져오는 데 그 힘을 사용했어요. 역사 선생님은 학생들을 벌주어, 잘못된 행동에 대해서는 관용을 베풀지 않겠다는 뜻을 확실하게 보여 주었어요. 또한 마이크가 이 벌로 뭔가를 배우기를 희망했습니다. 그리고 나서 학교에서 포용을 중시하도록 적극적인 조치를 취하기 시작했어요. 역사 선생님은 사신의 힘을 좋은 일에 사용했어요. 힘의 역학 관계에서 지녀야 할 황금률을 따른 것이죠.

만약 역사 선생님이 문제를 무시했다면, 또는 학생들의 행동에 동조해 미아가 고립감을 느끼게끔 만들었다면, 역사 선생님 또한 힘의 역학 관계에서 지녀야 할 황금률을 지키지 못한 것이에요.

(5) 취약성

힘의 역학 관계와 학대에 대해 이야기할 때 '취약한', '취약성'이라는 단어를 자주 듣게 될 겁니다. 만약 어떤 사람 또는 집단이 취약하다면, 그건 힘이 약하다는 뜻이에요. 그러므로 이런 집단의 사람들은 착취를 당하거나 이용당할 위험이 커요. 유색 인종, 성 소수자, 장애인, 빈곤층, 죄수들이 바로 취약한 사람들입니다. 이 책을 통해 우리는 이 점을 논의할 거예요.

취약성은 사람이 약하다거나 열등하다는 뜻이 아니에요. 그런 생각은 차별적이고 해로운 사고방식입니다. 취약하다는 것은 어떤 사람 또는 집단이 자신의 상황을 통제하지 못한다는 의미예요. 그래서 이것을 악용하는 사람들이 자신에게 유리한 기회로 쉽게 활용할 수도 있다는 뜻이지요. 힘의 역학 관계에서 지켜야 할 황금률을 따르기 위해서는, 덜 취약한 사람들이 취약한 사람들을 지지해 주어야 합니다.

(6) 경계선

우리 주변 어디에든 경계선이 있습니다. 물웅덩이 주위에 울타리가 쳐져 있다면, 그 울타리가 경계선 역할을 해서 물웅덩이에 빠지는 걸 막아 줍니다. 어떤 경계선은 눈에 잘 보이지 않지만 여전히 존재해요. 훌륭한 운전자는 신호등에 빨간불이 들어오면 차를 세우고 다음 신호를 기다립니다. 운전자를 막아 세울 벽 같은 건 없지만, 운전자에게는 경계선이 있습니다. 신호등에 빨간불이 들어왔을 때 차를 멈추는 건 운전자와 보행자의 안전을 위해 무척 중요해요. 교통 법규는 운전자가 넘지 말아야 할 일종의 경계선입니다.

자신이 지닌 경계선 중 일부를 깨는 건 멋지고 건강할 수 있습니다. 예를 들어, 편안함을 느끼는 익숙한 환경에서 벗어나 스페인어 클럽에 들어가거나, 새로운 친구를 사귀거나, 또는 예전에 겁을 먹었던 새로운 수영법을 배우는 건 모두 경계선을 깨는 거예요. 우리는 이런 과정을 통해 성장해 나갑니다.

하지만 누군가 여러분의 경계선을 존중하지 않는다면, 그건 괜찮지 않아요. 건강하지 않은 인간관계에서는 경계선이 일상적으로 무시당합니다.

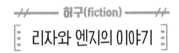

허구(fiction)
리자와 엔지의 이야기

과학 시간에 리자에게 정말 우스꽝스러운 일이 일어났어요.

수업이 끝난 뒤, 리자는 그 우스꽝스러운 일에 대해 20분 동안 줄곧 친구 엔지에게 문자를 보냈어요.

마침내, 엔지가 답장했어요.

"야, 나 지금 숙제 때문에 휴대 전화 꺼야 해. 저녁 8시에 다시 켤 테니까 그때 이야기하자."

엔지는 곧바로 휴대 전화를 껐어요.

리자는 엔지의 답장을 완전히 무시하고 계속해서 문자를 모냈습니다. 엔지가 다시 휴대 전화를 켰을 때 리자한테서 문자 메시지가 28통이나 와 있었어요. 이런 식이었어요.

"좋아, 내 문자 씹는다 이거지? 넌 이제 내 친구도 아니야."

저녁 8시까지는 답장할 수 없다고 했을 때, 엔지는 경계선을 설정해 놓은 것입니다. 엔지는 정말 잘했어요! 자신이 원하는 걸 알고, 그걸 당당하게 말했지요. 아주 공정했습니다. 엔지는 아주 분명하게 의사를 표시했어요. 리자에게는 엔지가 답장하지 않은 것에 대해 실망할 이유가 충분히 있어요. 하지만 그렇다고 해서 엔지의 경계선을 무시해서는 안 됩니다. 리자는 저녁 8시까지 기다려야 했어요. 하지만 리자는 자신의 실망감과 분노를 엔지한테 그대로 쏟아부었어요. 그것은 엔지한테 개인적인 경계선을 깨라고 강요한 잘못된 행동이에요.

(7) 자기 결정권

자기 결정권은 힘의 한 유형입니다. 우리에게는 누구나 자기 결정권이 있습니다. 우리는 삶의 주체로서 독자적인 선택을 할 때마다 자기 결정권을 사용하지요.

여러분은 글을 쓰거나 그림을 그릴 때 자기 결정권을 직접 사용합니다. 그렇게 하는 게 기분이 좋기 때문이죠. 파티가 따분하다면, 설령 친구들이 좀 더 있다 가라고 말할지라도 자신의 자기 결정권을 사용해 파티에서 빠져나올 수 있어요. 나는 여러분이 지금 각자의 자기 결정권을 사용해 이 책을 읽고 #미투에 대해 배우는 것이길 바랍니다.(만약 선생님이 이 책을 읽으라고 시켰다면, 그 점은 정말 유감이에요.)

건강한 인간관계에서는 각자 자신의 자기 결정권이 있습니다.

여러분은 누군가와 어울려 놀기로 선택해요. 언제 친구한테 문자를 보낼지, 언제 친구의 메시지에 답장을 보낼지 선택하지요. 친구와 포옹하는 걸 선택하고, 친구에게 언제 육체적인 친밀감을 표현할지 선택해요. 이런 건강한 인간관계에서는, 여러분은 여러분의 자기 결정권을 사용하고, 친구는 친구의 자기 결정권을 사용합니다. 어쩌면 친구가 여러분을 귀찮게 하거나, 그다지 하고 싶지 않은 놀이를 하자고 조를지도 몰라요. 이럴 때 여러분은 이제 그만하자고 솔직하게 말할 수 있습니다. 여러분과 친구의 인간관계에서 두 사람은 모두 통제력을 지닙니다. 이건 아름다운 거예요.

건강하지 못한 인간관계에서는 자기 결정권이 없습니다. 상대방이 더 많은 선택을 한다는 뜻입니다. 언제 어울려 놀지, 문자 메시지를 얼마나 자주 보낼지, 여러분의 인간관계가 뭐라고 불릴지, 언제 육체적인 교감을 할지, 함께 있는 시간에 무엇을 할지 등등. 이런 사람은 이기적이고 여러분의 욕구와 감정 따위에는 관심을 두지 않아요. 여러분의 자기 결정권을 중요하게 생각하지 않습니다.

우리는 모두 완벽하게 자기 결정권을 발휘하는 법을 배워야 해요. 아기였을 때, 여러분은 자기 결정권이 하나도 없었어요. 돌봐 주는 사람들이 여러분을 위해 모든 걸 선택해야 했어요. 이제, 부모님이 여러분에게 외출 금지령을 내리고, 선생님들이 따분한 수업 시간에 꼼짝 말고 자리에 앉아 있게 만들 수는 있습니다. 솔직히 말해서, 여러분의 자기 결정권을 빼앗는 것입니다. 하지만 이건 그분들이 여러분을 가르치고 지원하기 위한 것이지, 여러분을 이용해 자신들의 이기적인 목적을 달성하기 위한 것은 아닙니다.

인간관계에서 우리는 수많은 상황에서 자기 결정권이 있지만, 성인이 될 때까지는 각자의 삶에서 100퍼센트 완벽한 자기 결정권을 발휘하지 못합니다. 이상적인 세상이라면, 여러분의 삶이 그런 단계에 도달하도록 어른들이 이타적으로 도와줄 겁니다.

(8) 권리

개인의 존엄과 가치의 표현이기도 한 권리는 어떤 일을 행하거나 타인에게 당연히 요구할 수 있는 힘이나 자격을 말합니다. 예를 들어, 아이들에게는 누구나 좋은 교육을 받고 안심하고 다닐 수 있는 학교 환경을 누릴 권리가 있습니다.

하지만 여러분은 또한 권리라는 단어가 부정적으로 사용되는 걸 들어 봤을지도 모릅니다. 예를 들어, 나이 든 사람들은 요즘 젊은이들이 최선을 다해 열심히 공부하지 않으면서도 당연히 좋은 점수를 받을 권리가 있는 것처럼 생각한다고 말합니다. 이런 사람들은 이 단어를 이런 식으로 사용할 거예요.

"요즘 아이들은 너무 많은 권리를 누리고 있어." 또는, "요즘 아이들은 권리 의식이 너무 강해."

이 경우 권리라는 단어는 실제로 부여된 권리가 아닌, 부여되었다고 착각하고 있는 권리를 의미합니다.

건강하지 못한 인간관계에서, 어떤 사람은 자신이 여러분의 시간에 대한 권리가 있다고, 여러분의 몸에 대한 권리가 있다고, 부정적인 말을 할 권리가 있다고, 또는 여러분의 경계선을 넘을 권리가 있다고 느낄지도 몰라요. 앞에서 말한 이야기에서, 리자는 자신이 엔지의 시간을 빼앗고 관심을 독차지할 권리가 있다고 생각하는 것 같았습니다.

하지만 누구도 이런 권리는 가질 수 없습니다. 규칙을 정하고, 경계선을 설정하고, 누구에게 언제, 어떤 권리를 부여할지 정할 수 있는 사람은 바로 여러분 자신입니다.

(9) 위험 신호

다음과 같은 위험 신호와 징후가 보인다면 건강하지 않은 인간관계일 수 있어요. 지금 내 인간관계는 어떤지 한번 살펴보도록 해요.

- 그 사람이 여러분의 경계선을 적극적으로 깨거나, 여러분에게 경계선을 깨라고 부추긴다.
- 여러분보다 나이가 많은데도 불구하고 마치 또래처럼 행동한다.
- 그 사람과 단둘이 있으면 마음이 불편하다.
- 그 사람과 섞여 있으면 마음이 불편하다.
- 그 사람과 만나고 나면 자존감이 떨어지고 기분이 안 좋다. 또는 그 사람은 모든 잘못을 여러분에게 돌린다.
- 그 사람과 함께 있으면 왠지 다른 사람이 된 것 같다.
- 그 사람은 여러분의 감정을 전혀 신경 쓰지 않는다. 또는 여러분의 기분이 틀렸다고 말한다.
- 그 사람은 여러분에게 좋은 친구 또는 가족과 등을 돌리라고 부추긴다.
- 그 사람과 함께 있으면 늘 극적인 사건이 이어진다. 그 사람은 늘 뭔가에 화가 나 있다.
- 그 사람이 멋져 보일 때도 있지만, 그렇지 않을 때도 있다.

여러분의 삶에서 이런 위험 신호를 느끼게 하는 누군가를 알고 있나요? 그 사람과의 관계를 객관적으로 생각해 보기 바랍니다. 그러고 나서 그 사람과의 관계가 건강한지 아닌지 판단해 보세요.

(10) 건강하지 못한 인간관계를 건강하게 바꿀 수 있을까?

건강하지 못한 인간관계도 건강하게 바꿀 수 있습니다. 다음 방법을 따라 해 보세요.

① 당당하게 말하고 경계선을 설정하자

앞에서 언급한 이야기에서, 엔지는 리자와의 관계를 건강하게 유지하기 위해 최선을 다했어요. 엔지는 경계선을 분명하게 설정해서 리자에게 특정한 시간에 연락하자고 부탁했어요. 만약 리자가 엔지의 말을 귀담아들었다면, 어쩌면 둘은 건강한 인간관계를 계속 유지했을 거예요.

엔지처럼 자신의 뜻을 당당하게 말하는 건 건강하지 못한 관계를 건강한 관계로 바꾸는 멋진 방법입니다. 이런 노력은 실제로 큰 효과를 발휘하기도 해요.

② 허심탄회하게 이야기하자

인간관계에 관해 다른 사람과 차분하게 이야기를 나누는 건 건강한 역학 관계를 만드는 데 큰 도움이 됩니다. 직접 만나서(문자 메시지로 주고받는 것보다 이게 자신의 뜻을 훨씬 더 잘 전달할 수 있어요.) 각자의 감정을 솔직하게 이야기해 봅시다. 상대방의 말을 귀담아들으며 차분하고 예의 바르게 행동합시다. 그리고 자신의 목표를 잊지 말도록 해요. 상대방과 여러분 모두 건강한 인간관계를 원해요. 그렇지 않나요? 여러분이 항상 옳은 건 아닐 수도 있습니다. 첫 대화에서 술술 잘 풀리지 않을지도 몰라요. 만일 그렇다면 다시 시도해 보도록 해요.

③ 적당한 거리를 두자

어떤 사람은 '팔 길이만큼 거리를 두는' 관계에 만족할지도 몰라요. 만약 여러분이 그런 사람에게 너무 가까이 다가가면 그 사람의 건강하지 못한 자질이 불쑥 튀어나올 수도 있습니다. 여러분이 할 수 있는 최선의 방법은 적당한 거리를 유지하는 거예요. 너무 가깝지도 않게, 하지만 관계가 완전히 끊기지는 않도록 말이죠. 특정한 사람과는 이것이 건강한 인간관계를 유지하는 유일한 방법일지도 몰라요.

④ 상담을 받자

만약 외부의 도움이 필요하다면, 상담을 추천합니다. 상담 교사는 친구들 사이에 갈등이 일어났을 때 도움을 줍니다. 그리고 이따금 학생과 가족 구성원 간의 갈등에도 도움을 주죠. 가정에서의 문제를 해결하는 데는 가족 심리를 전문으로 하는 가족 상담사에게 도움을 요청해도 좋습니다.

(11) 인간관계가 건강해질 수 없을 때는 어떻게 해야 할까?

만약 건강해질 가망이 없는 인간관

계라면, 관계를 끊는 것이 필요합니다. 때로는 단절이 가장 손쉬운 선택이죠.

만약 위험 신호를 보내기 시작하는 새로운 친구와 관계를 맺고 있다면, 여러분은 이렇게 말할 수 있습니다.

"미안해. 하지만 난 너랑 친구로 지내고 싶지 않아. 잘 지내길 바라."

굳이 시시콜콜 그 이유를 설명할 필요는 없어요. 문자 메시지나 전화에 답하지 말도록 해요. 건강하지 못한 인간관계를 끊을 때 가끔은 이런 단호함이 필요합니다.

하지만 때때로 이런 친구들 또는 남자 친구나 여자 친구들은 그냥 떠나지 않는 경우가 있습니다. 이들은 계속해서 여러분을 유혹하거나 여러분의 생활을 곤란하게 만들 거예요.

어쩌면 건강하지 못한 인간관계가 여러분과 선생님, 또는 여러분과 가족 사이에 일어날 수도 있습니다. 이런 관계를 끊고 거기서 벗어나는 건 훨씬 어렵습니다.

만약 건강하지 못한 인간관계가 있는데 그것을 끊어내기 어려운 상황이라면, 그걸 그냥 참고 견디려고 하지 말아요. 지금 어떤 상황에 놓여 있는지, 믿을 만한 어른한테 얘기하세요. 또한 여러분 잘못이 아니라는 걸 명심하세요. 건강하지 못한 인간관계는 참고 견디는 것보다는 차라리 끊어 버리는 게 훨씬 낫답니다.

2장

명쾌한 개념 정의

이 장에서부터는 성 학대에 관한 정의와 구체적인 내용들이 포함되어 있습니다. 여러분이 학대를 당했든 그렇지 않든, 이 부분에서 다루는 내용은 마음을 힘들게 하고 화가 치밀어 오르게 할지도 몰라요. 이런 까다롭고 곤란한 이야기를 읽고 싶지 않다면, 준비가 될 때까지 책장을 덮어 두기 바랍니다.

#미투 운동을 이야기할 때, 우리는 괴롭힘, 학대, 동의 등 수많은 용어를 사용합니다. 때때로 이런 단어들은 혼란스러울 수도 있고 또는 지나치게 남용되어 원래의 뜻을 잃어버리는 지경에 이르기도 해요.

언젠가 이런 단어와 개념들을 명확하게 학교에서 가르치는 날이 오기를 바랍니다. 이 책을 준비하며 접한 많은 이야기를 볼 때, 이런 교육은 반드시 필요해요. 이번 장에서는 성 학대와 관련한 정의를 알아보겠습니다.

(1) 기본 개념

① 미투

#미투 운동은 2006년에 탄생했습니다. 2017년에 이 분누가 해시태그와 더불어 광범위하게 퍼졌죠. 세계 곳곳에 사는 사람들이 성 학대

경험을 공개적으로 말하기 시작했어요. 유명 인사들과 권력을 쥔 사람들은 자신이 저지른 추악한 행동에 대해 책임을 지게 되었어요. 미투의 목적은 사람들이 용기 내어 자신의 이야기를 들려주고, 치유받고, 때때로 정의를 찾도록 도와주는 거예요. 이 운동의 창시자들에 관한 이야기는 www.metoomvmt.org에서 확인할 수 있습니다.

② 학대

학대는 여러 가지 형태로 나타납니다. 학대는 누군가에 대한 고의적이고 악의적인 범죄 행위의 한 가지 유형이라 할 수 있습니다. 학대에는 괴롭힘, 강요, 강간, 희롱, 폭행, 보복 등이 모두 포함됩니다. 학대는 성적일 수도, 언어적일 수도, 정서적일 수도, 육체적일 수도, 또는 이것들이 다양하게 섞인 형태로 나타날 수도 있어요. 원하지 않는 신체 접촉에서부터 폭력에 이르기까지, 온라인에서 별명을 부르는 것에서부터 몸매에 대한 모욕을 쏟아붓는 것에 이르기까지 범위도 다양해요. 친구에게 원하지 않는 일을 시키는 행위도 학대에 포함됩니다.

③ 피해자

학대받는 사람을 가리킵니다.

④ 가해자

학대를 하는 사람을 가리킵니다.

⑤ 성 약탈자(성범죄자)

피해자에게 성적 또는 감정적인 접촉을 통해 학대하거나 통제하려는

사람을 지칭해요. 누군가에게 사귀자고 말하는 게 약탈적인 행동은 아니에요. 누군가가 자기와 사귀었으면 하는 희망을 품고 아름답다고 말하는 건 약탈적인 행위가 아니죠.

하지만 상대방이 반복적으로 싫다고 말했는데도 만나자고 조르는 행위, 남의 집에 자기 마음대로 불쑥불쑥 찾아가는 행위, 몸을 억지로 만지려고 하는 행위, 위협하는 행위, 사진을 보내라고 강제적으로 요구하는 행위 등은 모두 자신의 이익을 위해 남을 괴롭히는 짓입니다.

⊬── 실화를 바탕으로 함 ──⊬
멜로디와 프랭키의 이야기

중학생인 멜로디는 시각 장애인이에요. 그래서 가정 교사와 도우미들이 학교에 데려다주고 개인 수업을 합니다. 프랭키는 성인 가정 교사로, 멜로디에게 대수학을 가르칩니다. 프랭키는 장애인이 아니에요.

프랭키는 몇 달 동안 멜로디와 함께했습니다. 멜로디와 멜로디의 가족들은 프랭키를 신뢰하고 좋아했어요. 멜로디는 수학을 꽤 잘했어요.

어느 날, 멜로디와 프랭키는 평소처럼 방에 단둘이 있었어요. 멜로디가 수학 문제를 풀고 있을 때 갑자기 프랭키의 손이 자신의 몸에 닿는 게 느껴졌어요. 프랭키는 멜로디의 가슴과 가랑이를 꽉 움켜잡았어요. 멜로디는 너무 두려워 그 자리에 얼어붙었어요. 잠시 뒤, 프랭키는 손을 빼고는 아무 일 없었다는 듯 계속 수업을 이어 나갔어요. 멜로디가 화가 난 걸 알아차리고 프랭키가 말했어요.

"내 생각에, 우리 둘 다 약간 흥분한 것 같아."

멜로디는 그 순간 자기 몸이 자신의 것이 아닌 것 같은 느낌을 받았어요.

마치 딴 나라에 있는 것 같았어요.

그 뒤로, 멜로디는 자신이 너무나도 취약하다는 느낌을 받았어요. 여기, 언제든 자기 몸에 접근할 수 있는 남자가 있었어요. 멜로디는 언제나 적극적이고 애정이 넘치는 사람이었지만, 이제 누구도 믿을 수 없을 것 같은 기분이 들었어요. 자신이 신뢰하는 사람에게 공격받을 수 있다는 것, 그리고 그 사람은 잘못을 들키지 않고 빠져나갈 수 있다는 것이 충격으로 다가왔어요.

이처럼 무척 화가 나는 이야기는 특정한 집단의 취약성을 보여 주는 하나의 사례에 불과합니다. 장애가 있는 학생들은 보통 또래 집단으로부터 고립되어 있습니다. 그리고 많은 시간을 어른들과 함께 보냅니다. 이런 요소 때문에 학대에 취약할 수밖에 없어요. 프랭키는 힘의 역학 관계에서 지녀야 할 황금률을 악질적으로 어겼어요. 프랭키는 가해자입니다. 멜로디가 이 끔찍한 경험을 이겨 내려면 아마도 상담이 필요할 거예요. 그리고 성인인 프랭키는 기소되어 죗값을 치러야 합니다.

⑥ 소아 성애자

아이들에게 성적으로 끌리는 성인을 가리킵니다. 아동 포르노를 보는 소아 성애자를 포함해서, 아동을 상대로 성적인 행위를 하는 성인은 범죄자입니다. 아이들은 피해자로, 아무런 잘못이 없습니다.

⑦ 성매매 업자

성매매 업자들은 사람을 사고파는 물건처럼 나쁩니다. 이띤 경우, 성착취 사진과 동영상을 만들어 판매하려고 들지요. 더 고약한 경우,

사람을 납치해 착취하기도 합니다.

성매매 업자들은 때때로 마치 자신이 또래 또는 유명 인사인 척 가장해서 온라인상에서 범행 대상을 물색합니다.

#— 실화(real story) —#
⌈ 저스틴 비버의 팬 이야기 ⌋

2017년, 아홉 살 소녀가 저스틴 비버의 인스타그램 페이지를 훑어보고 있었어요. 그런데 갑자기, 다른 사용자한테서 다이렉트 메시지(DM)를 받았어요. 그 사용자는 자신이 저스틴 비버를 잘 알고 있다며, 자기가 하라는 대로 하면 비버와 문자 메시지를 주고받을 수 있도록 주선해 주겠다고 했어요. 먼저, 메신저 앱 킥(Kik)에 가입하라고 했어요.(이 앱은 인스타그램보다 익명성이 훨씬 강한 특징이 있습니다.) 그 뒤, 소녀는 자기가 저스틴 비버라고 주장하는 사람한테서 메시지를 받기 시작했어요. 이 사람은 소녀의 나체 사진과 동영상을 보내라며, 만약 그렇게 하지 않을 경우 해코지를 하겠다고 위협했어요.

소녀는 어쩔 수 없이 그 지시를 따른 뒤, 그 메시지를 삭제했어요. 소녀는 누구한테도 그 사실을 말하지 않았어요.

2년 뒤, 그 사람이 다시 나타나 새로운 사진과 영상을 요구했어요. 이번에 소녀는 엄마한테 이 사실을 털어놓았고, 엄마는 경찰에 신고했습니다.

'저스틴 비버'라고 주장한 사람은 매사추세츠주에 사는 스물네 살 성인으로, 진짜 비버와는 아무런 관련이 없는 사람이었어요. 그 범인은 전국적으로 여러 명의 소녀에게 비슷한 범죄를 저질렀습니다.

성매매는 매우 끔찍한 불법 행위이지만, 아래와 같은 간단한 규칙만 기억하면 스스로를 보호할 수 있습니다.

절대, 온라인에서 알게 된 낯선 사람과 직접 만나지 말 것. 설령 그 낯선 사람이 근사하고 친근해 보인다 할지라도 또는 유명 인사처럼 보인다 할지라도. 그 낯선 사람은 거짓말을 하는 데 도가 튼 사람일 수 있다는 걸 반드시 명심할 것.

절대, 낯선 사람한테 여러분이 어디에 사는지 어느 학교에 다니는지 말하지 말 것.

절대, 누구에게도 여러분의 나체 사진을 보내지 말 것. 특히 인터넷에서 알게 된 사람들에게나 다른 사람들에게도 그 사람들이 뭐라고 말하든 절대 보내지 말 것.

상대방과 유대 관계를 형성하고 호감을 쌓은 뒤 저지르는 성범죄인 그루밍 성범죄를 조심할 것.

부모님 또는 여러분을 돌봐 주는 사람에게 알리지 않고, 혼자서 모르는 사람의 자동차에 타지 말 것.

만약 성매매 업자와 마주했다는 생각이 든다면, 믿을 만한 어른한테 즉각 알리고 그 의심스러운 사람과는 두 번 다시 엮이지 않도록 할 것.

(2) 학대의 유형
① 부적절한 행동, 부적합한 접촉

누군가가 의도적이든 아니든 이상한 성적 대화를 시도하거나 오싹하고 불편한 방식으로 몸을 만지는 건 '비교적 가벼운' 학대 행위에 해당합니다.

심각한 학대가 아니라 할지라도 또는 그렇게 큰 문제가 아닌 것처럼 보인다 할지라도, 그로 인해 누군가 불편한 느낌을 받았다면 그것은 학대로 봐야 합니다.

╫ ─── **실화(real story)** ─── ╫
⌈ 지아나와 덴쉬 선생님의 이야기 ① ⌉

덴쉬 선생님은 정말 재미있고 쿨한 분이에요. 그래서 학교에서 인기가 무척 많아요. 하지만 최근, 선생님의 행동이 좀 이상해졌어요. 두 시간짜리 수업 중에 아무도 화장실에 가지 못하게 했으니까요. 그래서 아이들은 어쩔 수 없이 소변을 참아야 했어요. 그뿐만 아니라, 생리 중인 여학생들은 생리대를 교체할 수도 없었어요.

지아나의 친구 한 명이 덴쉬 선생님에게 생리 문제에 대해 개인적으로 불만을 털어놓았어요. 그 뒤로, 여학생이 화장실에 가도 되냐고 물을 때마다, 선생님은 반 아이들이 다 듣도록 큰 소리로 이렇게 말하곤 했어요.

"아, 어쩔 수 없이 가라고 해야겠네. 왜냐하면 넌 생리 중일 테니까!"

다른 아이들, 특히 남학생들은 낄낄 웃곤 했어요.

덴쉬 선생님은 다른 문제도 이런 식으로 처리하기 시작했어요. 한번은 수업이 끝나 책상에서 일어나 교실 밖으로 나가려던 어떤 여자아이의 팔을 잡았어요. 그 아이가 놔 달라고 하자, 선생님은 잠시 더 잡고 있다가 놔주었어요. 장난스러운 분위기였어요. 아무도 다치지 않았어요. 모두 그냥 그런가 보다 하고 넘어갔어요.

덴쉬 선생님은 책상에 놓인 과제물을 살펴볼 때마다, 얼굴을 학생들 얼굴 가까이 가져다 대곤 했어요. 어쩌면 지아나가 너무 예민했던 건지도 몰라요.

지아나는 이 모든 것이 좀 불편하고 당혹스러웠어요. 그 뒤로 덴쉬 선생님이 좀 이상하다는 느낌을 받기 시작했어요. 기분이 좋지 않았지요. 왜냐하면 덴쉬 선생님은 지아나가 좋아하던 선생님이었으니까요. 정말 쿨한 분이었고, 아이들 모두 선생님을 좋아했어요. 아이들에게는 이런 일들이 그리 큰 문제는 아니었어요. 덴쉬 선생님이 누군가를 난폭하게 공격한 건 아니었으니까요. 그럼에도, 지아나는 교실에 들어갈 때마다 기분이 계속 찝찝했어요. 날이 지날수록 그 느낌은 더 심해졌지요.

아이들을 수업 시간에 화장실에 가지 못하게 한 것은 학교 정책에 반하는 행위였습니다. 그 밖의 다른 것들은 부적절한 행동 또는 불필요한 접촉에 포함됩니다. 덴쉬 선생님은 자신의 행동이 학생들에게 부정적인 영향을 미친다거나 학생들을 불편하게 만든다는 걸 몰랐을 수도 있어요. 알았을 수도 있고요. 사실 그건 중요하지 않아요. 그 행동은 부적절했고, 그것이 학생들에게 불편한 상황을 불러왔죠. 그건 옳지 못해요.

불행하게도, 덴쉬 선생님의 행동은 지아나의 기분을 상하게 만들었을 뿐만 아니라, 지아나를 난처한 상황에 몰아넣었어요. 지아나는 이 일을 어디에 이야기해야 할지 몰랐어요. 사소해 보이는 일들이고, 선생님은 학교에서 무척 사랑받는 사람이었으니까요. 이 이야기는 어떤 일이 일어났을 때 그 일을 주변에 알리는 법을 다루는 장에서 다시 언급하겠습니다.(127쪽을 보세요.)

② 성희롱(성적 괴롭힘)

성희롱은 성 학대의 일종으로, 가해자가 피해자를 괴롭히는 거예요. 가해자는 성적인 언어, 몸짓, 또는 생각으로 피해자를 고의로 괴롭히고,

협박하고, 또는 위협합니다. 때때로 괴롭힘은 분노를 불러일으키거나 불안하게 만듭니다. 이런 성희롱은 언제나 잘못된 행동입니다.

+//— 실화를 바탕으로 함 —//+
그레타, 니코, 노아의 이야기

◆ 어느 날, 그레타는 학교 화장실에서 생리대를 교체하고 있었어요. 티나가 우연히 그 소리를 들었어요. 그 뒤로 티나는 복도에서 그레타를 지나칠 때마다, 이렇게 소리쳤어요.

"그레타, 나한테 피 흘리지 마!"

주변 아이들은 모두 깔깔 웃었어요. 그레타 또한 웃어넘기며 괜찮은 척 했지만 사실 창피하고 화가 났어요. 티나가 그만했으면 좋겠어요.

◆ 매일, 숀은 니코에게 휴대 전화로 나체 사진을 보내 달라고 요구했어요. 니코는 그냥 웃어넘겼지만, 기분이 정말 나빴어요. 숀은 계속 부탁했어요. 그러던 어느 날, 숀의 친구 파울로가 니코한테 다가와 말했어요.

"네가 숀한테 나체 사진 보냈다며?"

숀은 거짓말을 하고 있었어요! 니코는 덜컥 겁이 났어요. 정말 누군가 내 나체 사진을 가지고 있나? 얼마나 많은 아이들이 이 소문을 믿을까?

◆ 노아가 교실로 걸어갈 때 복도 벽에 종이 한 장이 붙어 있는 게 보였어요. 종이에는 이렇게 적혀 있었어요.

'최고의 엉덩이 & 최악의 엉덩이'

그리고 그 아래 아이들 이름이 빼곡히 적혀 있었어요. 노아의 이름은

'최악의 엉덩이' 아래에 적혀 있었어요. 노아는 창피했어요. 도대체 이 종이가 얼마나 오랫동안 붙어 있었을까?

티나, 숀 그리고 엉덩이 순위를 매긴 누군지 모를 아이는 모두 가해자입니다. 이 아이들은 어쩌면 자신의 행동이 그저 웃자고 하는 장난이라고 생각했을지도 몰라요. 하지만 이것은 모두 성적 괴롭힘에 해당합니다. 그리고 이들의 행동은 누군가를 놀라게 하거나 정신적 충격을 줄 수 있습니다. 그레타, 니코, 노아는 아무 일도 아닌 척 그저 장단을 맞춰 주며 재미있다고 생각할지도 모르지만, 그렇지 않습니다. 이들이 정말로 농담을 즐기는 게 아니라면(그럴 일은 없습니다.) 이들은 모두 피해자입니다.

③ 여성 비하

여성 비하(Slut-Shaming)는 성 학대 또는 성적 괴롭힘의 한 가지 형태라고 할 수 있습니다. 여성 비하는 특정인 또는 특정 집단이 누군가(사회 통념과 맞지 않은 여성이나 성 소수자, 보통은 여자가 해당됩니다.)를 하나로 묶어 그 사람의 성을 괴롭히는 경우를 가리킵니다. 매춘부, 암캐, 단정치 못한 여자라는 뜻을 지닌 슬럿(Slut)이라는 단어는 상대를 가리지 않고 성교한다는 뜻으로도 사용하지만, 흔히 누군가에게 창피를 주기 위해서도 사용합니다.

여성 비하는 누군가를 깔보고, 그 사람을 마음대로 하려고 힘으로 누르는 방식입니다. 피해자가 정말로 단정치 못하다는 뜻이 아닙니다. 실제로 성행위를 하는지 아닌지는 중요하지 않아요. 슬럿은 완전히 무의미한 단어로, 여성을 깎아내릴 목적으로 사용되지요.

괴롭힘은 절대로 정당하지 않습니다.

실화(real story)
레이디의 이야기 ①

레이디는 다른 중학교로 전학을 갔어요. 새로운 친구들을 사귀는 데 열중했지요. 나디아는 이미 학교에서 아주 인기가 많은 여학생이었는데, 레이디의 등장에 즉각 위협을 느꼈어요. 그래서 나디아는 남자아이들한테 레이디가 성적으로 문란한 아이라고 소문을 내기 시작했어요.

나디아는 레이디한테 전화번호를 물었어요. 레이디는 나디아가 친구가 되고 싶어 그런가 보다 생각해, 기꺼이 전화번호를 알려 줬어요.

그 뒤로 나디아는 레이디의 전화번호를 남자아이들한테 죄다 퍼트렸어요. 그러면서 레이디가 남자아이들이 원하는 대로 다 해 줄 거라고 말했죠. 나디아는 레이디가 '창녀'라고 연신 떠벌리고 다녔어요. 그러고는 레이디한테 문자를 보냈어요.

"너, 작년에 남자아이를 열두 명이나 낚았다며? 소문 다 들었어."

레이디는 무슨 말인지 몰라 이렇게 답장을 했어요.

"뭐라고? 말도 안 돼."

하지만 나디아는 이미 모두에게 레이디가 남자를 엄청 밝힌다는 문자를 보냈어요. 결국 레이디는 매일 익명의 사람들로부터 자신을 창녀라고 부르는 쪽지를 받았어요.

어느 날, 나디아의 친구 미켈이 레이디한테 문자를 보내 레이디를 치켜세우기 시작했어요. 레이디는 긍정적인 관심을 받게 되어 기뻤어요. 결국, 미켈은 레이디를 설득해 외설적인 사진을 받아내는 데 성공했어요.

미켈은 그 사진을 나디아를 포함해 자기 친구들 모두에게 보냈어요. 그 뒤로 괴롭힘은 더 심해졌어요.

나디아와 미켈이 레이디를 괴롭혔다는 사실은 의문의 여지가 없습니다. 그리고 다른 아이들 모두 그 괴롭힘에 공범 관계이거나 방조했다는 것도 의문의 여지가 없어요. 아이들은 레이디에게 여성 비하를 가했어요. 설령 레이디가 작년에 열두 명을 사귀었다 할지라도, 누구도 레이디를 괴롭힐 권리는 없습니다. 여기서 창녀라는 단어는 쓸모없는 모욕일 뿐입니다. 이것은 레이디를 깎아내리기 위한 수단에 불과해요. 아이들은 레이디에게 끔찍한 정서적 손상을 입혔습니다.

미성년자의 나체 사진은 아동 포르노로 간주되며, 불법입니다. 설령 또래끼리 그 사진을 돌려 본다고 하더라도 마찬가지예요. 불행하게도, 미성년자가 이런 짓을 저질렀을 때 법으로 제재받는 경우가 드물지만, 나체 사진은 명백히 불법입니다. 누가 그런 사진을 부탁했든 말이에요.

④ 권력 남용(재량권 남용)

힘의 역학 관계에서 힘이 더 강한 사람은 자신의 이익을 위해 자신의 힘을 무자비하게 또는 불법적인 수단으로 사용해서는 안 됩니다. 그랬다면 그것은 권력 남용입니다. 앞으로 권력 남용의 여러 사례를 살펴보도록 하겠습니다.

⑤ 또래 괴롭힘

성 학대 피해자의 40퍼센트 정도가 나이가 많거나 힘이 센 또래 아이에게 학대를 받은 경우입니다. 가해자가 가족 구성원이든 또는 같은 반 친구든, 이런 경우를 또래 괴롭힘이라 부릅니다. 또래 괴롭힘은 알아차리기도 힘들고, 처벌하기도 힘듭니다. 때때로 가해자가 고의로 약자를 하는 또래인지 아니면 그저 호기심이 많은 또래인지 구분하기 힘들 수도 있습니다.

성 학대에 반대하는 단체 '스탑 잇 나우!(Stop It Now!)'는 이 장에서 나열한 학대 행위 목록에 더해, '연령에 따른 적합한 행동과 적합하지 않은 행동'의 경계선에 대해 가이드를 만들었습니다. 55쪽부터 57쪽까지를 살펴보세요.

⑥ 강간

강간은 강제적인 구강 성교 또는 성행위를 가리킵니다. 피해자가 성관계에 동의하지 않은 것은 물론, 의식이 없거나, 항거 불능이거나, 지적 장애가 있거나, 미성년자일 경우 또한 강간으로 간주합니다. 이런 사람들은 성관계에 동의할 수 없기 때문입니다.

강간에 관한 몇 가지 표현과 그 개념을 확인해 보세요.

데이트 강간 또는 지인 강간 : 서로 잘 알고 있는 두 사람 사이에 일어난 강간을 말합니다. 친구, 이웃, 데이트 상대 등의 인간관계에 해당하는 사람이 피해자와 가해자가 됩니다. 이런 관계로 인해 범죄가 더 가벼워지거나 무거워지는 건 아니에요. 강간의 80퍼센트 정도는 가해자와 피해자가 서로 아는 사이에서 일어납니다.

낯선 사람에 의한 강간 : '낯선 사람에 의한 강간'은 강간범과 피해자가 서로 알지 못할 때를 말합니다. 이것은 공공장소에서의 공격, 또는 가정 침입으로 일어날 수도 있습니다. 피해자를 꼬드겨 자동차에 태우거나, 술에 만취하도록 유도하거나, 또는 그 밖의 수단으로 낯선 사람이 피해자의 신뢰를 얻으려 노력하는 경우도 있습니다.

의제 강간 : 강간과 동일하게 간주되는 성행위를 말합니다. 설령 미성년자가 성관계에 동의를 했다 할지라도 강간으로 간주합니다. 국가

마다 법률로 정한 규정 및 성인으로 규정하는 연령은 다르지만, 보통 16세에서 18세인 경우가 많습니다. 우리나라의 미성년자 의제 강간에 해당하는 연령은 16세 미만으로, 16세 미만의 미성년자와 성관계를 할 경우 동의 여부와 상관없이 처벌받습니다.

⑦ 성폭력

성폭력은 강간, 추행, 원치 않는 성적 접촉, 또는 성행위를 하도록 강요하는 걸 뜻합니다. 성폭력은 명백한 불법입니다.

⑧ 추행

흔히 추행은 불법적인 성적 접촉을 모두 지칭합니다. 나체 사진을 찍거나, 의사에 반해 신체를 만지거나, 성인과 아동 사이에 일어난 '적합하지 않은 행동'은 모두 추행에 포함됩니다.

추행은 또래 사이에서 일어날 수도 있지만, 보통은 성인과 아동 또는 나이가 많은 아이와 어린아이 사이에서 일어나는 경우가 많습니다.

연령에 따른 적합한 행동과 적합하지 않은 행동

	적합한 행동	부적합한 행동
미취학 아동 (0~5세)	* 아래 내용과 관련해 질문하고 지식을 전달하는 것 – 젠더의 차이, 각각의 신체 부위 – 위생 및 화장실 사용법 – 임신과 출산 * 생식기에 대해 알아보는 것	* 구체적인 성행위 또는 노골적인 성 관련 언어를 알려 주는 것 * 다른 아이들과 성인처럼 성적 접촉을 해 보도록 하는 것

미취학 아동 (0~5세)	* 각각의 신체 부위를 보여 주고 찾아보는 것	

취학 아동
(6~8세)
	* 아래 내용에 관해 알려 주고
	  질문하는 것
	  – 육체적 발달, 인간관계, 성행위
	  – 월경과 임신
	  – 개인적 가치
	* 같은 연령, 같은 젠더의 아이들과
	  함께하는 실험. 흔히 게임 또는
	  역할 놀이를 통해 이루어진다.
	* 반복적인 자위행위가 예상된다.
		* 성인 같은
		  성적 상호 작용
		* 구체적 성행위에 대해
		  알려 주는 것
		* 공공장소에서
		  또는 사진이나
		  인터넷 기술을 이용해
		  성행위를 하는 것

취학 아동
(9~12세)
 	
호르몬 변화 및
또래, 미디어,
인터넷 같은
외적 영향 때문에
성에 대한 인식,
감정, 사춘기의
도래에 대한
관심이 증가한다.
	* 아래 내용에 관해
	  알려 주고 질문하는 것
	  – 성에 대한 자료와 정보
	  – 인간관계와 성행위
	  – 또래와 함께 성적 언어를 사용해
	    성적 행위와 개인적 가치를
	    토론한다.
	* 성행위 및 로맨틱한 관계와 관련한
	  경험의 증가
	* 개인적인 자위행위가 계속될 것으로
	  예상한다.
		* 정기적으로 일어나는
		  어른 같은 성행위
		* 공공장소에서의
		  성행위

청소년기
(13~16세)
	* 아래 내용에 관해 알려 주고
	  질문하는 것
	  – 의사 결정
	  – 사회적 관계와 성적 관습
	  – 개인적 가치와 성행위의 결과
	* 자위행위가 계속될 것으로
	  예상된다.
	* 여자아이들은 생리를 시작할
	  것이다. 남자아이들은 정자를
	  만들어 내기 시작할 것이다.
		* 공공장소에서의
		  자위행위
		* 자기보다 훨씬 어린
		  아이들을 향한
		  성적 관심

청소년기
(13~16세)
	* 같은 연령과 젠더의
	  청소년들 사이의 성 경험은 흔하다.
	* 이 연령 집단에서는 관음증적인
	  행위가 흔하다.
	* 10대의 3분의 1 정도는 성 경험을
	  할 것이다.	

출처 : 스탑 잇 나우!(Stop It Now!)

⑨ 스토킹

스토킹은 상대가 위협을 느낄 정도로 집요하게 쫓아다니며 괴롭히는 범죄 행위입니다. 이를테면 반복적인 미행, 몰래 지켜보기, 또는 동의 없이 피해자와 접촉하는 행위 등이 그것이에요. 지속적으로 이메일을 보내고, GPS를 활용해 위치를 추적하고, 피해자를 지켜보기 위해 불법적으로 카메라를 설치하는 등 다양한 기술을 활용한 스토킹이 일어나기도 합니다.

⑩ 근친상간

근친상간은 이를테면 아버지와 딸, 숙모와 조카, 형제 사이 등등 가족 구성원들 사이의 부적절한 성관계를 말해요. 근친상간에 관한 법률은 나라마다 다르지만, 대부분의 나라에서는 가까운 친족들 사이의 성관계를 불법으로 규정하고 있습니다. 물론, 인척 관계와 관계없이, 미성년자에게 강제력을 동원하는 성인은 범죄를 저지르는 것입니다. 만약 피해자가 가까운 친족의 범위 안에 든다면, 범죄의 특성에 비추어 볼 때 가해자는 성폭력 또는 강간은 물론이고 근친상간의 죄를 범하는 것이 됩니다.

⑪ 소도미

소도미(Sodomy, 항문 성교)란 항문을 통한 성교 행위를 말해요. 성경에서 성적 음란죄로 심판을 받은 '소돔'과 '고모라'라고 하는 두 마을의 이름에서 유래한 것이라고 합니다.

(3) 조심해야 할 학대 행위들
① 강제

강제(Coercion)는 상대가 원하지 않는 행동을 하도록 강요하거나 어떤 상태로 두는 것을 말합니다. 강제라는 단어는 성적인 행위뿐만 아니라 언어폭력, 협박 등을 표현할 때도 사용합니다.

━//━━ 허구(fiction) ━━//━
┊ 강제의 사례들 ┊

◆ 마를린은 재키에게 값비싼 신상 신발을 사 주지 않으면 새해 전야 파티 때 집에 초대하지 않겠다고 으름장을 놓았어요.

◆ 축구 코치는 축구부 마이크에게 키스해 주지 않으면 올해 미드필더로 뛰지 못하게 하겠다고 협박했어요.

◆ 18세 릭은 13세 글렌에게 몇 주 동안 비디오 게임을 함께하자고 초대했어요. 그런데 일이 이상하게 흘러가기 시작했어요. 릭은 글렌이 둘의 우정에 대해 부모님께 말하지 못하게 했어요. 그러면서 만약 글렌이 부모님한테 말하면, 둘 다 체포되고 글렌은 부모를 다시는 보지 못할 거라고 윽박질렀습니다.

◆ 잭스는 애미를 파티에 초대했어요. 애미는 파티에 가는 게 무척 기대

되었지요. 하지만 알고 보니, 애미는 파티에 온 유일한 여자아이였어요. 잭스와 친구들은 애미한테 옷 벗기 게임을 하자고 제안했어요. 애미는 이상한 기분이 들어 싫다고 말했어요. 그러자 잭스는 만약 자기 말에 따르지 않으면 음란한 짓을 했다고 학교에 소문낼 거라고 협박했어요. 애미는 남자아이들이 자기를 둘러싸고 있는 걸 깨닫고 위협을 느꼈습니다.

거짓말이든 위협이든 또는 협박이든 이런 사람들은 자신의 힘을 내세워 누군가에게 스스로 원하지 않는 일을 하도록 압박하고 있습니다. 피해자들은 여러 가지 이유 때문에 어쩔 수 없이 그에 따르게 됩니다. 이것이 바로 강제입니다. 애미의 경우는 결국 폭행(강간)으로 이어질 수도 있습니다.

② 조종

가해자가 피해자를 마음대로 하거나 영향을 미치는 행위를 말합니다. 피해자는 자신이 조종당하고 있다는 사실을 알아차리지 못하는 경우가 흔해요. 강제는 부정적이고 직접적인 경향을 띠지만, 조종은 때로 무척 긍정적으로 느껴질 수도 있기 때문이죠. 그래서 사람들은 자기가 조종당하고 있다는 사실을 깨닫지 못합니다.

—// —— 허구(fiction) —— //—
[플린트 선생님과 브리짓의 이야기]

플린트 선생님은 브리짓에게 브리짓이 학교에서 가장 똑똑한 여학생이고, 누구도 브리짓을 이해하지 못한다고 틀림없이 믿겠어요. 자신만이 브리짓의 재능을 알아본다고 강조했죠. 방과 후에는 자신과 함께 특별 프로젝트를 하자며 자주 남도록 했어요. 플린트 선생님은 브리짓이 자신에게 다가올 때까지 기다리겠다고 말했어요. 브리짓은 부끄러웠어요. 지금껏 이런 말은 처음 들었어요. 그래서 브리짓은 우쭐했어요. 플린트 선생님이 계속 자기를 좋아해 주기를, 자신을 인정해 주기를 바랐어요.

좋아요. 심호흡을 한번 하도록 해요. 플린트 선생님이 정말 정직한 사람이고, 진심으로 브리짓을 응원하고 있는 건지도 모르겠습니다. 그걸 기대해 보도록 해요! 하지만 선생님은 자주 브리짓과 단둘이 있으려 하는 것처럼 보여요. 둘만의 시간을 더 많이 만들려고 하고 있습니다. 브리짓이 정말 특별한 아이일 수도 있습니다. 그게 아니라면, 선생님이 자존감이 낮은 아이를 골라서 자신이 정말로 특별한 존재라고 느끼게 만드는, 일반적인 가해자의 전략을 사용하는 것일 수도 있습니다.

만약 플린트 선생님이 권력을 남용하는 사람이라면, 브리짓을 조종하는 거예요. 브리짓은 선생님의 칭찬과 관심을 갈망해요. 선생님은 단둘이 있을 때 브리짓을 이용할지도 몰라요. 이것만으로도 힘의 남용이라 할 수 있습니다. 왜냐하면 교사로서 브리짓에게 영향력을 행사할 수 있기 때문이에요.

브리짓은 프로젝트가 무엇인지 세부적인 내용을 선생님께 물어봐야 해요. 그리고 선생님이 자신에게 어떤 요구를 하는지, 자신과 선생님의 관계에 대해 부모님께 말해야 하죠. 브리짓은 플린트 선생님에게 프로젝트에 친구 몇 명을 데리고 가겠다고 주장할 수 있어요. 아니면 방과 후에 선생님과 함께 학교에 남는 사실을 학교 직원에게 말할 수도 있죠. 만약 플린트 선생님이 정직한 사람이라면, 이런 예방 조치를 기꺼이 받아들일 거예요. 하지만 만약 브리짓과 단둘이 있으려고 고집을 부린다면, 그건 심각한 위험 신호입니다. 브리짓의 학업 성취 향상에 단둘이 있어야 하는 이유는 전혀 없기 때문이에요.

우리는 플린트 선생님이 권력을 남용하는 사람이 아니기를 바랍니다. 하지만 조종은 아주 사소한 부분에서 시작할 수 있어요. 만약 뭔가가 이상하다고 느껴진다면, 경계를 늦추지 말아야 합니다.

③ 악화(수위가 높아짐)

작고 사소한 것에서 시작한 가해자의 행동이 시간이 지나며 점점 세지는 것을 말합니다. 어쩌면 가해자는 괴롭힘에서부터 전면적인 폭력에 이르기까지 자신의 행동 단계를 높일지도 몰라요. 항상 이렇게 전개되는 건 아니지만, 개연성은 충분하지요. 특히 가해자가 피해자를 그루밍할 때 그렇습니다.

④ 그루밍 성범죄

그루밍 성범죄는 끔찍한 짓이에요. 이것은 피해자를 천천히 지속적으로 조종해 나아가 마침내 완전히 가해자의 통제 아래 두는 걸 말해요. 때때로, 사람들은 매춘 또는 성매매와 같은 일을 하도록 그루밍당하기도 합니다. 또한 오랜 시간 그루밍을 당한 피해자는 가해자의 학대에서 벗어나기 힘든 경우도 있습니다.

── 허구(fiction) ──
지나와 해리슨 이야기

1단계. 달콤한 말과 적극적인 관심 보이기

나이가 훨씬 많은 학교 친구 해리슨이 지나에게 달콤한 관심을 보이기 시작했습니다. 엄청난 칭찬과 선물 공세를 펼쳤어요. 지나에게는 전혀 예상하지 못한 일이었어요. 둘 사이의 관계는 극도로 빨리 진척되는 느낌이었어요. 해리슨은 모든 것에 주도권을 쥐었어요. 해리슨은 지나에게 자신에 관한 이야기를 아주 많이 들려주었어요. 자기 집안이 얼마나 부자인지, 자신이 얼마나 대단한 음악가인지 자랑했지요. 유명 가수 테일러 스위프트의 작사가를 알고 있다며, 언제든 소개해 주겠다고 했어요. 지나는 해리슨이 정말 멋지다고 생각했어요. 해리슨은 몇 학년 위였기에, 지나보다 훨씬 많은 인생 경험이 있었어요.

자, 해리슨은 지나에게 자신이 매우 특별하다고 느끼게 만들고 있습니다. 이것에 대해 생각해 볼 틈을 주지 않아요. 해리슨은 지나에게 지대한 관심을 보이고 있고, 지나는 이런 상황을 즐기고 있습니다. 이제 지나는 해리슨의 애정을 갈망하기 시작할 거예요. 이게 진정한 사랑처럼 느껴질 수도 있어요. 하지만 만약 그 상대가 가해자라면 그렇지 않아요. 가해자는 때로 자신에 대해 거짓말을 하거나 사실을 꾸며 내어 과대 포장하기 일쑤랍니다.

2단계. 경계선 무너뜨리기

해리슨은 지나에게 그다지 내키지 않은 것들을 하자고 요구하기 시작했어요. 이를테면, 수업을 빼먹고 함께 나가 놀자고 하거나, 밤늦게 집 밖으로 불러내기도 했지요. 그런 일은 나름 멋져 보였지만, 그 때문에 지나는 낮 시간에 피곤했어요. 곧 해리슨은 성적인 내용이 담긴 동영상에 대해 이야기하기 시작했어요. 지나와 함께 보고 싶다고 말했어요. 자신이 지나를 너무나 사랑하고, 함께 그 동영상을 보면 훨씬 더 가까워질 것 같다고도

했어요. 지나는 그 문제가 좀 신경 쓰였지만, 해리슨을 사랑했어요. 그래서 함께 보기로 했어요. 동영상을 보는 건 그렇게 나쁘지만은 않았어요.

해리슨은 성적인 내용이 담긴 동영상을 함께 보는 일로 경계선 무너뜨리기를 시작했고, 지나의 경우 그렇게 기분 나쁘지는 않았어요. 하지만 만약 지나가 기분이 나빴거나 그 상황이 불편했다면, 그건 괜찮은 게 아니에요. 지나의 느낌은 옳아요. 만약 뭔가 잘못되었다고 느낀다면, 그건 정말 잘못된 거예요. 하지만 대부분의 그루밍 가해자는 피해자의 생각과 감정이 잘못되었다고 여기도록 피해자의 생각을 조종합니다.

3단계. 비밀 지키기
해리슨은 지나에게 동영상에 대해 누구한테도 말하지 말라고 시켰어요. 해리슨이 지나보다 몇 살 많았기에, 누구도 자신들의 관계에 대해 몰라야 한다고도 했어요. 이렇게 말하기 시작했지요.
"만약 사람들이 알게 되면, 우리 둘 다 문제에 빠질 거야. 그러면 넌 두 번 다시 날 못 보게 돼."
"우리 사이는 특별해. 모두가 우리 사이를 깨려고 할 거야."

그루밍 피해자들은 때때로 이런 비밀을 몇 년, 몇십 년 또는 평생 간직하기도 합니다.

4단계. 친구와 가족으로부터 고립시키기
해리슨은 지나의 친구와 부모님에 대해 나쁘게 말했어요. 지나는 친구들과 부모님을 사랑하고 신뢰했지만, 때때로 이들 때문에 신경이 거슬리기도 했어요. 한번은 지나가 해리슨에게 엄마가 가끔 지나치게 간섭하는 것 같다고 말했어요. 그러자 해리슨은 이렇게 말했어요.

"너희 엄마는 너를 자기 마음대로 하려고 해. 너는 자유를 누려야 해. 넌 너무 똑똑하고 아름다워."

지나는 해리슨의 말이 맞는 것 같다는 생각이 들기 시작했어요.

여러 차례, 해리슨은 지나에게 지나의 친구와 가족들이 나쁜 사람들이며, 이들로부터 벗어나야 한다고 말하곤 했어요. 지나는 때때로 가족과 친구들하고 의견이 달라도 그들이 나쁘지 않았어요. 하지만 해리슨은 교묘한 수법으로 지나를 고립시키려 노력했어요. 그래야 자신이 지나에게 더 많은 통제력을 가질 수 있으니까요. 해리슨은 자신 이외의 누구도 지나의 삶에 영향을 미치는 걸 원하지 않았지요.

5단계. 세뇌

해리슨은 지나로 하여금 자신이 지나의 인생에서 가장 중요한 사람이라고 느끼게 만들었어요. 이제 지나의 삶은 온통 해리슨을 중심으로 돌아갔어요. 둘은 끊임없이 문자 메시지를 주고받고 전화를 했어요. 지나는 매일 해리슨의 기분이 어떤지, 해리슨을 행복하게 해 주기 위해 자신이 어떤 옷을 입을지, 어떻게 행동할지 신경 썼어요. 해리슨의 기분이 좋기를 바랐어요. 해리슨은 지나 주변의 남자아이들을 모두 질투했어요. 그러자 지나는 더 이상 남자아이들과 말도 섞지 않았어요. 해리슨은 학교가 멍청하다고 생각했어요. 그러자 지나는 수업을 소홀히 하기 시작하고, 성적이 떨어져도 신경 쓰지 않게 되었어요. 해리슨은 지나에게 자신이 유명한 음악가가 될 거라고 말했어요. 지나는 그 말을 철석같이 믿었고요. 지나의 주변 사람들은 모두 해리슨이 끔찍한 아이이며 지독한 거짓말쟁이라고 생각했지만,

지나는 자신과 해리슨이 엄청난 사랑을 하고 있다며, 너무 엄청나서 아무도 이해하지 못한다고 생각했어요.(누가 지나한테 이런 생각을 주입했을까요?) 지나는 나쁜 일들에 대해서는 누구한테도 말하지 않았습니다. 이를테면, 해리슨이 밤새도록 전화 통화를 하자고 조르는 바람에 잠을 충분히 자지 못한 것 등을요. 누군가 요즘 왜 이렇게 피곤해 보이느냐고 물을 때마다, 지나는 뭘 잘못 먹은 것 같다고 둘러대곤 했어요.

지나는 해리슨에게 너무 깊이 빠져 있어서, 스스로 상황에 대한 판단을 조금도 하지 못했어요.

지나는 세뇌를 당하고 있었어요. 이것은 지나가 해리슨의 사고방식을 따르고 있으며, 해리슨의 생각이 지나를 통제한다는 뜻입니다. 이 지점에서, 지나는 지금 상황이 얼마나 잘못되었는지, 얼마나 비극적인지 알아차릴 수 없어요. 그저 해리슨이 정말 대단한 사람이며, 해리슨이 자신을 따분한 존재에서 구원해 줬다고 생각할 뿐이었어요.

6단계. 성적인 것을 포함한 요구의 증가

해리슨은 지나에게 새로운 것을 요구하기 시작했어요. 둘이 함께 누드 사진을 찍어 인터넷에서 팔자고 계속해서 졸라 댔어요. 게다가 함께 학교를 그만두자고도 했어요. 이런 일은 말도 안 되는 소리처럼 들렸어요. 그런데도 해리슨은 그럴듯하게 감언이설을 떠들어 댔지요.

해리슨은 자기가 원하는 건 지나가 무엇이든 다 하리라는 걸 알았습니다. 만약 서로 사귄 지 얼마 안 되었을 때 이런 제안을 했다면, 지나는 '노'라고 말했을지도 몰라요. 하지만 이제 해리슨은 지나를 마음대로 조종할 수 있었어요. 해리슨이 자기 의지로 이런 일을 할 수도 있지만, 이런 요구의 특성에 비추어 볼 때, 해리슨은 인터넷에서 미성년자의 음란한 사진을 파는 어떤 사람과 함께 일하는 것일 수도 있어요. 어쩌면 둘 사이의 관계가 모두 새빨간 거짓일지도 모르죠. 이런 이야기가 지나친 과장처럼 들릴지도 모르겠지만, 너무나도 흔히 일어나는 게 우리의 현실입니다. 지금 지나는 너무나도 분명하게 학대를 당하고 있습니다.

7단계. 폭력과 학대의 증가

해리슨은 지나에게 성관계를 강요했어요. 지나가 학교에 가야 한다고 말하니까 지나를 자동차에 억지로 밀어 넣었어요. 그러면서 지나를 사랑하기 때문에 이러는 거라고 했어요. 또한 지나가 없다면 자기는 완전히 패배자가 될 거라고도 했어요. 그러고는 지나에게 뚱뚱하다며, 다른 누구도 자기처럼 지나를 사랑하지는 않을 거라나요! 지나는 해리슨이 하는 말을 곧이곧대로 믿었어요.

해리슨은 학대와 공포를 이용해 지나를 통제했어요. 지나가 자신에게 계속 의존하기를 원했고 자신을 두려워하기를 바랐어요. 그러기 위해서 지나의 자존감이 계속 떨어지도록 유도했어요. 만약 지나가 자존감이 있거나 독립적이라면, 벌써 해리슨 곁을 떠났을 겁니다.

8단계. 친절의 종료

때때로 해리슨은 친절하고 사랑스럽게 행동했어요. 언어 혹은 정서적인 학대를 한 뒤에, 지나에게 과장해서 사과하고 변명했어요. 선물을 사주고 사랑스럽고 다정하고 재미있게 굴었어요. 한순간 지나는 둘 사이의 관계가 처음처럼 괜찮다고, 아무 문제 없다고 느꼈어요.

가해자들은 때때로 이처럼 오락가락하며 상대방을 혼란스럽게 합니다. 해리슨은 지나를 헷갈리게 했어요. 그러다가 다시 안전하고 편안한 느낌이 들게 합니다. 학대 행위에 대해 의문을 가질 시간이나 틈을 주지 않았어요. 이 지점에서, 해리슨은 또한 지나를 가족과 친구들로부터 철저하게 고립시켰어요. 그래서 지나는 자신의 걱정거리와 고민에 대해 붙잡고 이야기할 사람이 없었습니다. 가족들이 무슨 일인지 말해 보라고 걱정스레 물어볼 때면 지나는 창피했어요. 또한 가족들한테 말한다면 해리슨이 미친 듯이 화를 낼까 봐 걱정스러웠지요.

9단계. 강압적인 협박

지나가 해리슨과의 관계를 끊으려 시도할 때마다, 해리슨은 공격적으로 나왔어요. 자기가 찍은 지나의 사진을 꺼내 보이며, 그 사진을 온라인에 공개하겠다고 협박했어요. 만약 자기 곁을 떠난다면, 둘 다 감옥에 가고 자신은 지나를 잃은 고통으로 스스로 목숨을 끊겠다고 협박했어요. 지나는 해리슨이 정말로 그렇게 실행할 것 같아서 죄책감이 들었어요. 그리고 여전히 한쪽에 해리슨을 믿고 의지하는 마음도 있었어요. 그래서 떠나지 못하고 곁에 머물렀어요. 지나는 해리슨이 다시 옛날처럼 친절한 사람이 되기를, 둘이 다시 행복하기를 바랐어요.

친절했던 시기와 마찬가지로, 이런 위협은 대부분 거짓말입니다. 이런 순간들에, 해리슨은 필사적이었어요. 지나가 옆에 머물러 있을 수 있도록 무슨 짓이든 하겠다고 말했어요. 해리슨은 지나를 자기 마음대로 하는 게 좋았어요. 어쩌면 해리슨은 정말 지나를 사랑하고, 그렇게 하는 게 지나를 다시 자기한테 돌아오게 하는 유일한 방법이라고 생각할지도 몰라요. 아니, 어쩌면 지나의 사진을 진짜로 팔려고 했던 건지도 모르죠. 하지만 해리슨의 이유는 그다지 중요하지 않습니다.

10단계. 완전한 통제

지나는 해리슨의 학대 사이클에 꼼짝없이 갇혔습니다. 지나는 해리슨이 전문 음악인이 되지 못하리라는 걸 알아차렸어요. 사실, 해리슨은 음악 연습을 조금도 하지 않았을 뿐만 아니라 가수 테일러 스위프트의 작사가를 알지도 못했어요. 하지만 그것은 이제 더 이상 중요해 보이지 않았어요. 지나는 자신의 삶이 이렇게 엉망이 되었다는 사실이 정말 부끄러웠어요. 지나가 대화를 나눌 수 있는 유일한 상대는 해리슨이었어요. 지나로서는 더 이상 빠져나갈 방법이 없었어요. 그래서 곁에 남아 있을 수밖에 없었지요. 해리슨은 자신을 사랑해 줄 유일한 사람이었어요.

지나가 이 학대의 고리에서 풀려나려면 적극적인 지원, 해리슨으로부터의 분리, 정신과 상담, 법률적 개입이 필요해요. 해리슨은 특별히 중요하지 않아요. 해리슨은 정신과 치료가 필요한 사람이 분명해요. 하지만 지나에게는 기쁨, 슬픔, 미래 계획, 정신 건강, 성 정체성의 출처가 되었습니다. 지나는 해리슨의 통제 아래 자신의 존재가 사라지게 방치해 버렸어요.

이런 행동 중 상당수가 그 자체만으로는 그루밍을 하고 있다고 단정할 수는 없습니다. 때때로 건강한 인간관계도 순식간에 심각하게 변할 수 있습니다. 평범한 사람도 자신이 사랑하는 사람에게 야비하고 비열히게 말할 때가 있습니다. 정당한 이유로 누군가와의 관계를 비밀에 부칠 필요가 있을 때도 있죠. 이런 행동만으로는 절대 그루밍을 의심하지는 않아요. 하지만 이런 것들이 모여서 학대의 유형을 형성하지요. 불행하게도, 소설처럼 들리는 이런 일은 비일비재합니다.

해리슨과 지나의 경우처럼, 그루밍은 또래 사이에서도 일어날 수 있습니다. 힘이 훨씬 센 아이와 힘이 약한 친구 사이에서도, 성인과 아동 사이에서도, 성매매 업자와 피해자 사이에서도 일어날 수 있습니다. 온라인에서도, 현실 생활에서도 일어날 수 있습니다.

또한 가족 내에서도 일어날 수 있습니다. 이 경우, 피해자는 평생 그루밍당할 가능성이 커요. 예를 들어, 만약 새아버지가 수년 동안 자기가 원할 때마다 의붓딸을 계속해서 성폭행하려 한다면, 의붓딸에게 자신의 행동이 문제되지 않는 정상적인 행위라고 믿도록 길들이며 아무에게도 말하지 못하게 할 수 있지요.

(4) 학대 그 후

① 피해 사실을 알린다

피해자는 자신이 겪은 학대 행위를 전문가나 권위 있는 인물에게 알려야 합니다. 여기에는 학교 상담 교사, 부모님, 선생님, 경찰, 의사, 치료 전문가(Therapist) 등이 포함됩니다.

일단 피해 사실을 알리고 나면, 상당수는 즉각 행동을 취할 거예요. 특히 교육, 의료, 아동 복지 종사자 등 '신고 의무자'는 반드시 경찰서 등에 신고해야 합니다.

피해자 중에는 보복이 두려워서 학대 사실을 알리지 않는 경우가 있습니다.(73쪽을 보세요.) 어른들이 학대를 막아 줄 거라고 믿지 않기 때문이기도 해요. 피해 사실을 알리는 것과 신고 의무에 대해 더 알고 싶으면

4장을 보세요.

② 평등권

만약 학대를 받았다면, 그건 평등권이 침해된 것입니다.

미국의 경우, 교육계에서의 성차별을 없애기 위해 연방법으로 타이틀 나인(Title IX)이 제정되었습니다. 미국 연방 정부의 지원금을 받는 모든 교육 기관은 성적 괴롭힘, 젠더에 기초한 괴롭힘, 성폭력을 방지할 의무가 있습니다. 따라서 여러분의 학교는 여학생에게 남학생과 동일한 과목, 상담, 경제적 지원, 운동 기회를 제공해야 하고, 만약 성 학대가 일어났다면 그 문제를 절차에 따라 적절하게 처리해야 합니다. 만약 평등권이 침해당했다면, 학교, 가해자, 또는 관련된 사람들을 상대로 민사 소송을 제기할 수 있습니다. 대한민국 교육부는 학교 현장에서 피해자를 철저히 보호하고 사안에 체계적으로 대응하기 위해 '학교 내 성희롱·성폭력 대응 매뉴얼'을 제작하여 모든 학교와 교육 기관에 배포하고, 교육부 홈페이지에 올려놓았습니다.

③ 형사 소송

텔레비전에서 흔히 보는 것처럼, 여러분이 범죄의 피해자가 될 수도 있어요. 범죄가 일어나면 가해자는 법에 따라 벌금을 내거나 감옥에 가는 처벌을 받습니다. 범죄 피해자에게는 가해자로부터 보호받을 권리, 재판 진행 과정에 대해 알 권리, 사생활을 보호받고 존엄성이 지켜질 권리 등이 있습니다.

미국 법무부는 범죄 피해자의 권리를 법무부 웹 사이트에 올려놓고 있습니다. 대한민국에서도 범죄 피해자 보호법에 따라 수사 과정에서 범죄 피해자의 권리 및 지원 제도에 대한 정보를 피해자에게 제공하도록 되어 있습니다.

4장에서 피해자의 법률적 권리에 대해 좀 더 살펴보겠습니다.

④ 보복

가해자는 때때로 피해자에게 보복하거나 보복하겠다고 협박합니다. 이런 위협을 통해 학대 행위에 대해 침묵을 강요하죠. 보복 때문에 피해자는 두려움에 떨게 됩니다. 많은 피해자가 학대받은 사실을 알리지 않는 주된 이유가 바로 보복에 대한 두려움 때문입니다.

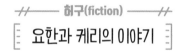

허구(fiction)
요한과 케리의 이야기

요한은 케리에게 자신이 게이라는 사실을 알려 주었어요. 누군가에게 털어놓고 나니 커다란 안도가 되었어요. 요한은 케리가 믿음직한 친구라고 생각했어요.

그러고 나서 한참 뒤, 대수학 시험 시간에 케리가 요한의 답안지를 훔쳐보고 베껴 썼어요. 요한은 살짝 화가 났어요. 요한은 열심히 공부했으니까요. 하지만 요한은 좋은 친구였기에, 케리를 도와주고 싶었어요.

채점을 하면서, 대수학 선생님은 케리와 요한이 정확히 똑같은 답안을 썼다는 사실을 알아차렸어요. 선생님은 케리와 요한에게 둘 다 수업이 끝난 뒤 남으라고 했어요. 그리고 두 사람 중 누가 부정행위를 했는지 추궁했죠.

요한은 케리가 솔직하게 말하길 바랐어요. 하지만 요한의 기대와 달리 케리는 요한에게 몰래 말했어요.

"만약 부정행위를 고자질하면, 네 부모님한테 네가 게이라는 걸 말해 버릴 거야. 네가 책임을 뒤집어써야 할걸."

요한은 깜짝 놀랐어요. 요한의 부모님은 무척 보수적이에요. 자신이 게이라는 걸 부모님이 알게 되면, 세상이 무너져 내리는 것만큼이나 충격을 받으실 거예요.

요한은 배신감에 마음이 무척 아팠어요. 하지만 부정행위를 했다는 비난을 감수하는 게 훨씬 나을 거라고 판단했어요.

케리는 요한에게 보복하겠다고 협박했어요. 만약 요한이 케리의 요구대로 입을 다물지 않는다면, 케리는 요한에게 최악의 악몽을 안길 거예요. 이런 위협 때문에, 요한은 어쩔 수 없이 자신이 하지도 않은 일에 대해 비난을 감수해야 했어요. 그리고 케리는 벌을 모면했지요.

케리가 요한의 부모님께 정말 말할까요? 아니면 그저 괜한 위협에 불과할까요? 누가 알겠어요? 어쨌거나 케리가 요한의 삶에서 아주 중요한 비밀을 자신의 강력한 힘으로 이용한 것만은 분명해요. 케리는 요한의 비밀을 아는 친구로서, 자신의 힘을 남용했어요.

성 학대 가해자들도 이와 비슷한 보복 전략을 사용함으로써 피해자들을 옴짝달싹 못 하게 하는 경우가 많습니다.

⑤ 트라우마

트라우마는 피해자들이 성 학대를 받은 뒤에 느끼는 격렬한 감정적 반응입니다. 트라우마를 겪게 되면 뇌가 변한다고 해요. 상담 치료를 받는 등, 트라우마를 제대로 다루는 방법을 찾을 때까지 피해자의 뇌는 영원히 변해요. 그리고 일상생활을 해 나가는 데 문제를 겪게 되지요.

트라우마는 여러 방식으로 불쑥불쑥 튀어나옵니다. 학대가 일어난 직후 피해자는 두려운 감정에 파묻힐지도 몰라요. 시간이 한참 지난 뒤에도 잠을 자고, 음식을 먹고, 건강한 인간관계를 맺는데 어려움을 겪을 수도 있어요. 불쑥불쑥 튀어나오는 고통을 잊으려고 마약 또는 알코올에 의존하는 학대 피해자들도 있습니다. 자신의 상처나 감정을 감추기 위해 항상 매우 행복한 척하려고 할지도 몰라요. 한 연구에 따르면, 강간 피해자의 33퍼센트가 자살을 생각하고, 13퍼센트가 자살을 시도한다고 합니다. 때때로 자신이 고통받는 이유가 성 학대 때문이라는 사실을 알아차리지도 못해요.

특히 아이들의 경우, 트라우마는 큰 영향을 끼칩니다. 어린이의 뇌는 아직 발달 중이기 때문이에요. 어릴 때 트라우마 속에서 살아가면 심각한 불안, 기억력 감퇴, 집중력 저하, 학습 장애를 불러올 수도 있습니다. 아이들의 트라우마는 성인까지 이어집니다. 때때로 피해자들은 자기에게 일어난 그 모든 일이 자기 책임이라고 생각하는 경향이 있어요. 고통스러운 사실을 마주하는 것보다 그렇게 믿는 게 훨씬 쉽기 때문이지요.

불행하게도, 트라우마는 저절로 사라지지 않습니다. 평생 이어질 수도 있습니다. 마약, 알코올, 또는 그 밖의 다른 방법으로도 없앨 수는 없어요. 적절한 치료와 든든한 지원을 받아야 자신의 트라우마를 인정하고 치유할 수 있습니다. 그리고 나서 피해자는 다른 사람들을 도와줄 수 있습니다.

물속에서 비치 볼을 잡고 앞으로 헤엄쳐 나가는 모습을 상상해 보세요. 비치 볼은 물 위로 솟아오르려고 할 거예요. 하지만 여러분은 공이 튀어나오도록 내버려 두지 않으려 해요. 함께 수영하는 다른 사람들에게 여러분이 비치 볼을 잡고 있다는 사실을 알리고 싶지 않아요. 그래서 최선을 다해 비치 볼을 꺼안고 헤엄을 칩니다. 그것 때문에 헤엄치는 모습이 엉망진창이라 해도요. 비치 볼 때문에 팔 또는 다리를 사용할 수 없을 때도 있어요. 하지만 비치 볼이 물속에서 나오지 못하게 하려고 여러분은 무슨 짓이든 다 할 거예요. 결국 그 상황에 익숙해져서, 비치 볼 때문에 불편하다는 사실도 잊게 됩니다.

트라우마는 비치 볼과 비슷해요. 숨기고 심지어 잊을 수도 있지만, 그것은 여전히 여러분의 삶과 일상생활에 부정적인 영향을 미치곤 합니다. 전문가와 상담하면 안전한 방법으로 비치 볼을 천천히 밖으로 꺼낼 수 있습니다. 그래야 비치 볼이 불쑥 튀어나와 끔찍한 충격을 주지 않습니다. 혼자 모든 걸 다 감당하는 건 불가능해요. 도움이 필요할 때는 도움을 받아야 해요.

카예가 열한 살이었을 때, 스물여섯 살인 큰언니의 친구 잭이 집에 놀러 오기 시작했어요. 잭은 현관문을 두드리며 언니가 집에 있냐고 카예에게 물었어요. 카예는 언니가 집에 없다고 대답했어요. 그런 상황이 여러 번 반복됐고, 카예는 잭이 그냥 깜빡깜빡 잘 잊는 사람이라고 생각했어요. 잭은 카예네 집에 머물며 카예와 잡담을 주고받았습니다. 종종 카예가 예쁘다고 칭찬했는데, 카예는 기분이 나쁘지 않았어요.

어느 날, 잭은 부모님이 집에 있냐고 물었어요. 부모님은 멀리 여행을 떠났기에 집에 안 계셨어요. 보모가 집에 있었지만, 보모는 카예의 어린 여동생을 돌보느라 정신이 없었어요. 잭은 카예에게 자기 모터 자전거를 함께 타자고 제안했어요. 카예는 그러자고 했어요. 모터 자전거는 정말 멋졌어요.

둘은 꽤 오랫동안 자전거를 탔어요. 카예가 예상했던 것보다 더 오래. 잭은 카예를 숲으로 데리고 갔어요. 그곳에서 잭은 자전거를 멈추고 맥주를 마시자고 제안했어요. 카예는 한 모금 마셨어요. 알코올을 한 모금 마시고 나니 머릿속이 하얗게 변하며 몽롱한 느낌이 들었어요.

잭은 숲에서 카예를 강간했어요. 그러고는 카예를 자기 집으로 데리고 갔어요. 그곳에서도 강간이 반복되었어요. 잭은 친구를 한 명 불렀는데, 그 친구 또한 카예를 강간했어요. 잭은 일하러 가야 했어요. 그래서 카예가 집으로 돌아가지 못하도록 손을 꽁꽁 묶었어요. 카예는 3일 동안 장소를 옮겨 가며 갇혀 지냈어요.

잭은 카예를 차에 태우고 어딘가로 갔어요. 카예는 탈수, 굶주림 그리고 약에 취해 빠져나올 수 없었어요. 하지만 고속도로에서 뭔가를 알아보았어요. 카예는 그곳이 집 근처라는 사실을 깨달았어요. 지금 행동하지 않으면, 집으로 다시는 돌아갈 수 없을 것 같았어요.

카예는 비상 브레이크를 잡아당기고 핸들을 꺾었어요. 자동차가 핑그르르 돌았어요. 얼른 차 문을 열고 숲 깊숙이 달아났어요. 낙엽 아래 몸을 숨겼어요. 잭이 쫓아오며 자기를 부르는 소리가 들렸지만 잭은 카예를 찾지 못했어요.

카예는 그날 하루 종일 꼼짝 않고 낙엽 아래 숨어 있었어요. 결국, 용기를 내서 도망쳐 나와 집까지 걸어왔어요.

카예는 보모에게 친구 집에 있다 왔다고 둘러댔어요. 문제가 생기는 것을 원치 않았던 보모는 카예의 말을 믿고 더 이상 물어보지 않았어요. 부모님은 여전히 여행 중이었어요. 카예는 곧장 자기 침대로 갔어요.

카예는 모든 게 자기 잘못이라고 생각했어요. 카예는 잭을 믿었어요. 자전거에 타겠다고 동의했어요. 이전에도 남자아이들과 키스를 한 적이 있었어요. 성적인 생각도 했었어요. 카예에게 이것은 모두 자기 잘못이었어요. 그래서 아무에게도 말하지 않았어요. 잭은 카예에게 전화해서 미안하다고 말했어요. 자기가 카예를 사랑했으며, 카예가 자기 여자 친구라고 말했어요. 카예는 잭을 멀리해야 한다는 자신의 느낌을 믿었어요.

다음 해 학교에서, 카예는 면도칼로 손목을 긋는 자해를 시작했고 아무 이유 없이 부모님한테 소리치기 시작했어요. 그리고 '발모광'이라는 강박 장애를 앓게 되었어요. 발모광은 불안감을 억제하기 위해 습관적으로 머리카락을 뽑는 강박 행동 증상이에요. 카예는 불안 장애와 우울증도 앓게 되었어요.

그로부터 11년 뒤, 카예는 도움을 받을 수 있게 되었어요. 과거에 무슨 일이 있었는지 사람들에게 말했지요. 지금 30대 성인이 되었지만 여전히 특정한 것을 보면 깜짝깜짝 놀라요. 텔레비전에서 범죄 장면 등 특정한 장면이 나오면 트라우마가 튀어나오지요. 잭이 다른 아이들에게도 상처를 줬을 거라는 생각에, 매일매일 고통스러웠어요.

울화통이 터지는 이 끔찍한 이야기에서, 카예는 오직 혼자 힘으로 심각한 트라우마를 이겨 내려 했어요. 그 사건을 깊이 묻어 두었지만 트라우마는 삶에서 다양한 방식으로 불쑥불쑥 튀어나왔죠. 카예는 머리카락을 뽑는 자해를 시작했고 부모님께 반항적인 태도를 보였어요. 카예와 같은 일을 겪은 사람 중 상당수가 자살 충동을 느낍니다. 그리고 그 극악무도한 행동에 기초해 봤을 때, 잭은 다른 아이들에게도 똑같은 범죄를 저질렀을 가능성이 큽니다.

카예가 겪었던 그 모든 일을 제대로 알아차리기는 어렵습니다. 열한 살짜리 아이가 스물여섯 살 남자한테 붙잡혔던 사실을 통해 볼 때, 카예의 용감한 탈출은 정말 대단한 일이에요. 살아서 탈출했다는 점을 주목할 필요가 있습니다. 하지만 가해자에 대한 두려움 또는 트라우마를 쉽게 떨쳐 낼 수는 없어요. 누군가에게 사실을 알려서 제대로 치료받지 않는다면 그 끔찍한 기억은 지속적으로 피해자를 괴롭힐 거예요. 다행스럽게도, 카예는 잭이 자신의 진짜 남자 친구가 아니라는 걸 깨달았어요. 성인은 미성년자의 남자 친구가 될 수 없습니다.

사람들에게 피해 사실을 알리고, 상담을 받고, 스스로 돌보는 것에 대해서는 4장에서 상세하게 다룰게요.

⑥ 성범죄자(또는 가해자)에게 미치는 여파

성범죄자에 관한 사법 절차와 처벌에 대해서는 4장에서 확인할 수 있어요. 나라마다 범죄자의 사회 복귀를 도와주는 프로그램이 있습니다. 이런 프로그램이 잭과 같은 범죄자에게 도움이 될지도 몰라요. 성범죄자 또한 학대를 받아왔거나 정신적인 문제를 겪었을 가능성이 있고, 만약 그렇다면 치료가 필요해요. 하지만 이 책에서는 사법 시스템 또는 성범죄자의 심리에 대해 깊이 파고들지는 않을 거예요. 학대를 받았거나 정신적인 문제가 있었다고 해서 다 범죄자가 되는 것은 아닙니다. 또한 용서를 받을 수 있는 조건도 아니죠. 이 책은 무엇보다 피해자의 여정과 치료에 초점을 맞추었습니다.

절대 용납될 수 없는
성 학대에 대한 그릇된 통념 22가지

이 장에는 노골적인 성적 상황과 학대, 폭력의 사례가 들어 있습니다.

#미투 운동이 중요한 이유는 그것이 성 학대에 대한 낡은 편견을 깨부수기 시작했기 때문입니다. 이런 수많은 편견은 새빨간 거짓말이지만, 여전히 우리 곁에 존재합니다. 그러니 우리가 갈 길은 아직 멀어요.

이번 장에서는 이런 그릇된 통념을 구체적으로 살펴보고, 하나씩 하나씩 무너뜨려 보겠습니다.

1. 이런 일이 일어난 건 다 내 잘못이야

이것은 예전부터 있어 온 구닥다리 같은 편견으로, 법정까지도 쭉 이어집니다. 성 학대를 당한 피해자가 자기 이야기를 꺼낼 때, 이들은 종종 이런 질문을 받습니다. 당시 어떤 옷을 입고 있었나요? 왜 그 남자 집에 있었던 건가요? 예전에 남자아이들과 키스한 적이 있나요? 당신이 그걸 좋아했던 건 아닌가요? 왜 저항하지 않았나요?

우리는 이런 태도를 피해자 책임 전가(Victim Blaming)라고 부릅니다. 불행하게도, 온갖 종류의 범죄 피해자들이 이런 식으로 스스로를 탓하거나 다른 사람들로부터 비난을 받습니다. 하지만 절대 피해자의 잘못이 아닙니다.

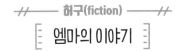

— 허구(fiction) —
엠마의 이야기

어느 날 밤, 엠마는 가족들과 함께 영화를 보러 갔어요. 돌아와 보니, 집에 강도가 들었어요. 문은 심하게 부서져 있었고 집 안에 있던 미술품과 보석이 없어졌어요.

가족들 모두 트라우마를 겪었어요. 너무 큰 충격을 받았기에, 집이 더 이상 안전하지 않다는 생각에 늘 불안했어요.

며칠 뒤, 이웃에 사는 잭슨이 와서 가족들과 거실에 앉아 이야기를 나눴어요. 엠마는 잭슨이 간식을 가지고 와서 문을 고쳐 주고, 자신들을 위로해 준다고 생각했어요. 잭슨은 늘 이 가족에게 좋은 친구였으니까요.

그런데 잭슨은 가족들에게 이상한 실문을 퍼붓기 시작했어요. 이런 시이었죠.

"왜 영화를 보러 갔어요? 집에 강도가 들 거라는 생각을 하지 못했어요?"

"잭슨, 우리가 영화를 보러 간 건 아무 문제 없다고 생각해요. 우리 동네는 안전하니까요."

엠마의 엄마가 대답했어요.

"이 집은 잔디밭을 너무 잘 가꾸어 놓았어요. 그것이 강도의 눈에 띈 게 아닐까요? 그건 그렇고, 왜 맞서 싸우지 않았어요?"

잭슨은 말을 이었어요.

"우리한테 그럴 기회가 있었다 하더라도, 강도는 총을 가지고 있었을지도 몰라요. 잭슨, 그건 위험한 일이에요."

엠마의 아빠가 대답했어요. 그러자 잭슨은 그 대답을 무시하고 말했어요.

"제가 볼 때는, 여러분이 이번 일을 자초한 거예요."

잭슨은 자기 집으로 돌아갔어요. 엠마는 잭슨의 말이 맞는 게 아닐까 하는 생각이 들기 시작했어요.

대부분의 이웃은 집 안에 든 강도에 대해 이 이야기 속 잭슨처럼 반응하지는 않을 거예요. 하지만 피해자가 학대를 받고, 폭력을 당하고, 또는 심지어 강간을 당했다고 말하면 이런 식으로 반응하는 사람들도 있습니다. 학대와 폭력, 강간은 모두 범죄 행위입니다. 잭슨이 강도에 대해 어떻게 반응해야 한다고 생각하나요? 만약 엠마가 학교에서 성적으로 괴롭힘을 당했다고 말한다면, 잭슨은 어떻게 반응해야 할까요?

2. 뒷골목의 낯선 사람들만 이런 짓을 저지른다. 내가 아는 사람은 절대 그럴 일이 없다

강간의 80퍼센트는 피해자와 가해자가 서로 아는 사람인 경우입니다.

그리고 성폭력의 33퍼센트는 옛날 또는 현재의 남자 친구, 여자 친구, 부인 또는 남편이 저지릅니다. 피해자는 그 사람을 신뢰하거나 심지어 사랑할지도 몰라요. 이 때문에 학대 상황에서 벗어나기가 더 힘들지요.

3. 나는 이 상황이 불편하지만, 누군가 내게 괜찮다고 말하니까 그렇게 생각하기로 했다

자신의 몸과 마음을 가장 잘 아는 사람은 자기 자신입니다. 만약 성적으로 공격받은 상황 또는 움츠러들게 만드는 이상한 관계 때문에 불편하다면, 싫다고 말하고 그 자리를 벗어나세요. 여러분에게는 그럴 권리가 있습니다. 다른 사람이 뭐라고 하든 상관없어요.

─── 허구(fiction) ───
프리야와 롭의 이야기 ①

학교에서 롭은 프리야에게 함께 극장에 가서 무서운 영화를 보자고 했어요. 그런데 프리야는 무서운 영화를 좋아하지 않아요. 무서운 영화를 보면 마음이 불편하고 잠을 제대로 잘 수 없기 때문이에요. 프리야는 롭에게 가고 싶지 않다고 말했지만, 롭은 계속해서 졸라 댔어요.

"보고 나면 정말 좋아하게 될 거야! 나 혼자 갈 수 없어. 혼자 가면 이상해 보이잖아. 진짜야, 막상 보면 무섭지 않을 거야. 그냥 네가 싫어한다고 생각하는 것뿐이라고."

결국 프리야는 어쩔 수 없이 가기로 했어요. 무서운 영화가 그렇게 나쁘지 않을 거라고, 어쩌면 좋아할지도 모른다고 스스로를 설득했지요. 롭은 너무나 집요했고, 프리야는 롭과의 우정을 깨고 싶지 않았어요. 롭은 근사한 아이였으니까요!

그래서 둘은 함께 영화를 보러 갔어요. 어떻게 되었을까요? 프리야는 그 영화가 끔찍이도 싫었어요. 영화가 상영되는 내내 마음이 불편했고, 몇 달 동안 악몽에 시달렸어요. 한편, 롭은 자기가 엄청나게 무서운 영화를 봤다고 친구들에게 자랑했어요. 그러면서 아이들이 보는 앞에서 프리야가 겁먹은 고양이처럼 굴었다고 놀려 댔어요.

어쩌면 프리야도 언젠가는 무서운 영화를 좋아하게 될 수도 있어요. 하지만 아직 준비가 되어 있지 않았어요. 이 이야기에서 롭은 범죄를 저지른 건 아니지만 너무나도 이기적으로 굴었어요. 잭은 프리야가 무서운 영화가 불편하다는 말을 귀담아듣지 않았어요. 대신 프리야가 편안할 거라고 믿게 하려고 했어요. 오직 프리야만이 자신의 한계를 알고 있는데 말이죠. 여러분도 마찬가지예요. 여러분의 한계는 여러분 자신이 가장 잘 알고 있습니다. 영화에 관한 것이든, 자신의 몸에 관한 것이든, 어떤 것이든 상관없이 말이에요.

4. #미투 같은 건 여자아이들에게만 일어난다

성 학대는 젠더와 상관없이 누구에게나 일어날 수 있습니다. 남자아이의 4분의 1 정도가 18세가 되기 전에 성적인 학대를 경험합니다.

불행하게도, 수많은 남자아이가 너무나 수치스럽고 당혹스러운 경험을 합니다. 그 일에 대해 남에게 말하지 않거나 자신의 탓이라며 자책하지요. 성 학대는 남자아이들에게도 트라우마로 자리 잡습니다. 하지만 피해자처럼 행동하면, 남자답지 못하게 보일 거라고 두려워하는

경우가 많아요. 학대를 받는 동안에 발기가 될 수도 있어요. 그리고 이것 때문에 더욱더 혼란스러워할 수도 있죠. 하지만 이들 또한 명백한 피해자이며, 도움을 받아야 할 대상입니다.

—// —— 실화(real story) —— //—

저스틴의 이야기

저스틴 호프만이 일곱 살이었을 때, 가톨릭교회의 주임 사제가 저스틴을 괴롭히기 시작했어요. 학대는 5년 동안 이어졌습니다. 저스틴은 수치심을 느꼈고 창피했어요. 누구에게도 자신이 학대당하고 있다는 사실을 말하지 않았어요. 저스틴은 수십 년 동안 끔찍한 정신적 고통을 받아야 했어요.

그로부터 38년 뒤, 저스틴은 가톨릭교회를 고소하고, 사람들에게 자신이 학대받았다는 사실을 이야기했어요. 저스틴은 #미투 운동에 자극을 받아 용기를 내어 대중 앞에 나설 수 있었다고 말했습니다.

저스틴은 성 학대를 받고 견뎌 낸 수많은 남성 중 한 명입니다. 고통스러운 경험을 드러내는 일은 무척 힘들지만, 자기 자신과 같은 문제를 겪은 사람들을 위해서라도 꼭 필요한 일입니다. #미투 운동은 모두를 위한 것입니다.

5. 여자는 절대 가해자가 될 수 없다

성 학대는 젠더와 상관없이 저지를 수 있습니다. 최근 한 연구에 따르면, 남성에 대한 학대 행위의 35퍼센트가 적어도 한 명 이상의 여성이 저지른 경우였습니다. 사람들은 아이와 함께 있는 여성을 믿는 경향이 있기 때문에, 처벌을 피해 가는 일이 발생하기도 합니다.

─//─ 실화(real story) ─//─
로렌의 이야기

플로리다주 상원 의원 로렌 북은 여자 보모가 저지른 학대 경험을 회고록 《이제는 말할 수 있다 : 희망과 회복의 이야기(It's Ok to Tell : A Story of Hope and Recovery)》에 썼습니다.

로렌이 열세 살일 때 시작해 열일곱 살이 될 때까지, 보모 왈다나가 로렌을 강간하고, 때리고, 계단 아래로 내동댕이쳤어요. 게다가 로렌에게 오줌을 눈 적도 있었지요. 그러면서도 보모는 로렌에게 두 사람이 서로 사랑하는 사이라고 확신시켰어요.

로렌은 외로운 아이였기에 사랑을 갈구했어요. 그래서 보모에게 의존하게 되었고, 보모가 문제에 빠지는 걸 원하지 않았어요. 학대는 시간이 지날수록 점점 강도가 심해졌어요. 보모는 로렌에게 누구에게도 말하지 말라고 수차례 경고했어요.

어린 로렌은 학대를 견디다가 결국 부모님에게 말했고, 보모는 도망쳤어요. 경찰이 보모를 찾아냈을 때, 보모는 여러 주를 전전하며 유소녀 축구팀에서 자원봉사를 하고 있었어요. 마침내 보모는 체포되었고 로렌은 그 뒤로 성범죄자에 대항한 전쟁을 치르고 있습니다. 하지만 지금도 여전히, 로렌은 이런 질문을 숱하게 받아요.

"어떻게 여자아이가 여성한테 성 학대를 당할 수 있나요?"

로렌의 시련은 수많은 가해자 남성과 마찬가지로 여성이 미성년자를 학대한 하나의 사례입니다. 보모는 로렌을 그루밍하고 강간했어요. 로렌은 오랜 시간 동안 학대로 인해 고통받았고 학대의 강도도 점점 심해졌어요. 체포되었을 당시에도 보모는 다른 주로 이사를 가서 어린 소녀들과 함께 있었어요. 남성이든 여성이든, 범죄자의 아주 전형적인 행동입니다.

보모가 저지른 범죄가 정말 위험한 이유는 다른 사람들에게 전혀 발각되지 않았다는 점입니다. 누구도 멋진 여성 보모를 의심하지 않았어요. 그래서 보모는 하루 24시간 언제든 완전히 은밀하게 로렌에게 접근할 수 있었어요.

6. 성 소수자에게는 학대가 일어나지 않는다. 학대는 언제나 이성애자 소년, 소녀에게 일어난다?

이것은 정말이지 말도 안 되는 오해입니다. 왜냐하면 성 소수자 집단은 그 어떤 집단보다 더 학대에 노출될 위험성이 크기 때문이에요. 트랜스젠더와 제3의 성에 속하는 사람들의 절반 정도가 성 학대를 경험했다는 보고가 있습니다. 그리고 게이 남성들은 이성애자 남성보다 거의 두 배나 더 폭력에 노출되어 있습니다. 레즈비언 여성들이 전체 집단 중에서 폭력을 당할 가능성이 가장 적은 반면, 양성애자 여성은 이성애자 여성보다 폭력을 당할 가능성이 세 배나 더 큽니다.

성 소수자에 속하는 사람들은 단지 성 소수자라는 이유로 학대에 취약해요.(취약성을 다룬 32쪽을 보세요.) 대부분의 경찰은 이 문제를 진지하게 고려하지 않고, 일부 가해자들은 증오심에 불타 이들을 공격하기도 해요.

┼── 실화(real story) ──┼
애들레이드의 이야기

양성애자 소녀 애들레이드는 이성애자 남자아이 두 명한테 각각 한 번씩 공격을 받았어요. 두 번 모두, 남자아이들은 애들레이드를 구석에 몰아넣고 동의 없이 몸을 만졌어요. 이 남자아이 둘 다 애들레이드가 양성애자이며 여자를 좋아한다는 사실을 알고 있었어요. 애들레이드는 이 아이들이 자신을 공격한 이유가 자신을 실험 도구로 바라봤거나 또는 자신이 이들에게 매력을 느끼지 않아서 화가 났기 때문이라고 생각했어요. 이 아이들은 애들레이드가 양성애자인 것이 마치 자신들이 그녀를 마음대로 해도 되는 이유라도 되는 듯 행동했어요.

애들레이드가 자신을 공격한 가해자들의 동기를 정확히 파악한 것이라면, 애들레이드는 성 소수자 혐오에 기초한 두 번의 공격을 경험한 것이 됩니다. 가해자들은 애들레이드의 몸을 자기 맘대로 할 수 있는 권리가 있다고 착각하고 있는 거예요.

7. 게이들은 분명 나를 때리고 괴롭힐 것이다

이런 생각은 틀렸어요. 이것은 동성애 공포증일 뿐입니다. 게이들이 다른 집단보다 누군가를 학대할 경향이 높다는 것은 터무니없는 헛소문입니다. 불행하게도, '게이에 대한 공포'(Gay panic)라 부르는 사고방식은 널리 퍼져 있습니다. 하지만 이런 사고방식은 게이에 대한 근거 없는 증오를 가져올 수 있으니 주의해야 합니다.

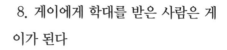

8. 게이에게 학대를 받은 사람은 게이가 된다

게이에게 학대를 당한다고 게이가 되는 건 아닙니다. 게이라는 성 정체성은 다른 사람에게 넘겨줄 수 있는 게 아니에요. 가해자의 성 정체성은 학대와 아무런 관련이 없습니다. 9번부터 20번까지는 이런 잘못된 생각을 좀 더 다루고 있습니다.

9. 만약 어떤 남자가 소년을 학대했다면, 그 남자는 분명 게이일 것이다

이성애자인 남성도 소년을 학대하는 경우가 많습니다. 마찬가지로 이성애자인 여성도 소녀를 학대할 수 있습니다. 성 학대가 언제나 성적 끌림 때문에 일어나는 건 아니에요. 그것은 힘, 통제, 기회와 관련된 것일 수도 있습니다.(이 부분은 20번에서 좀 더 구체적으로 살펴보아요.) 가해자의 성 정체성은 학대와 별다른 관련이 없어요. 따라서 학대가 벌어진 상황에서 성 정체성이 주된 초점이 되어서는 안 됩니다.

10. 어쩌면 피해자가 다른 목적을 위해 거짓말을 하는 건지도 모른다

드문 경우지만, 성 학대 경험에 대해 거짓말을 하는 사람도 있습니다. 허위로 누군가를 고소하는 건 끔찍한 일입니다. 누군가 사람들의 관심을 끌기 위해, 혹은 다른 목적으로 그런 거짓말을 했다면, 그건 정말 야비한 짓이에요. 이런 허위 고소인들은 삶을 피폐하게 만들 뿐만 아니라, 실제 피해자들의 말을 더욱 믿기 힘들게 하지요.

하지만 조사에 따르면 성 학대 신고 중 거짓으로 밝혀진 경우는 2~8퍼센트 정도로 매우 낮습니다. 근거도 없이 피해자가 거짓말을 하고 있다고 추정하는 건 위험한 일입니다.

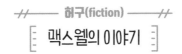

허구(fiction)
맥스웰의 이야기

학기가 시작되자마자, 교사 한 명이 맥스웰에게 이메일을 보내, 잘 지내는지 물었어요. 맥스웰은 좀 이상했지만, 대수롭지 않게 생각했어요. 몇 달 뒤, 그 선생님은 맥스웰에게 야한 사진을 보내 달라고 요청했어요. 맥스웰은 이 사실을 부모님께 이야기했어요. 부모님은 즉시 학교와 경찰서에 알렸고, 선생님은 학교에서 해고되고 체포되었습니다.

그것은 맥스웰과 가족에게 끔찍한 경험이었어요. 그런데 설상가상으로 학교에서는 누구도 맥스웰의 이야기를 믿어 주지 않았어요. 다른 학생들은 그 선생님을 무척 좋아했거든요. 아이들은 소문을 내서, 맥스웰이 관심을 받으려고 지어낸 이야기라고 주장했어요. 맥스웰의 누나 샤나는 그런 아이들의 모습이 역겨웠어요. 맥스웰보다 몇 학년 위인 샤나는 남동생을 보호하고 싶었어요.

그래서 실험을 한번 해 보기로 결심했어요. 샤나는 자기가 전날 거리에서 인기 팝 스타 아리아나 그란데를 봤다고 학교 친구들한테 자랑했어요. 그 소문은 금방 학교 전체에 퍼져 나갔어요. 아이들은 샤나에게 아리아나의 머리 스타일이 어땠는지, 어떤 옷을 입었는지, 노래 부르는 걸 직접 봤는지, 누구랑 함께 있었는지, 실제 목소리도 똑같았는지 등 이것저것 캐물었어요. 소문은 걷잡을 수 없이 퍼져, 아이들은 아리아나 그란데가 자기들 마을에서 휴가를 보내는 거라고 믿기 시작했어요.

이윽고, 샤나는 맥스웰에게 양해를 구한 뒤, 페이스북에 중대 발표를 올렸습니다.

"이봐, 친구들. 소문 다 들었지? 그런데 말이야, 내가 길거리에서 아리아나 그란데를 만났을 가능성이 얼마나 될까? 내가 말해 주지. 2퍼센트야. 내가 계산해 봤어. 아리아나 그란데가 우리 동네에 와 있고, 바쁜 스케줄에서 빠져나와 거리를 돌아다니며 휴식을 취하고, 나랑 마주칠 확률은 2퍼센트야. 그건 정말이지 엄청 낮은 확률이야. 그러니까 너희는 어쩌면 내가 엄청 운이 좋다고 생각할지도 모르겠어. 음, 내가 이 자리에서 말하는데, 난 너희에게 거짓말을 했어. 다 꾸며 낸 이야기야. 아리아나 그란데는 우리 동네에 오지 않았어. 너희 그거 알아? 세상에 알려진 성 학대 이야기 중 2퍼센트 정도만 꾸며 낸 이야기라는 거? 너희는 아리아나 그란데 이야기를 믿으려고 했어. 왜냐하면 너희는 그러고 싶었으니까. 하지만 합리적인 이성과 상황에서 나온 진실일 확률이 98퍼센트나 되는 내 동생 말은 믿지 않았어."

우리 모두에게 샤나 같은 누나가 있으면 정말 좋겠어요. 왜 샤나처럼 세상을 보려고 하지 않는 걸까요? 근거 없이 피해자를 의심하고 다른 목적이 있을 거라고 추측하고 판단하지 마세요. 그것은 피해자에게 또 다른 가해를 하는 것입니다.

11. 남자는 성적인 상황에서 자신을 통제하지 못한다

물론, 거짓입니다. 남자아이들은 성적인 상황에서 스스로 통제할 수 있습니다. 또한 여자아이들은 원할 때만 '누군가를 행복하게 만들어야' 합니다. 아무리 남자아이가 우는소리를 하거나 고집을 부린다 해도, 또는 남자아이와 여자아이가 이미 서로 호감을 가진 관계에 있다고 할지라도 말이죠. 사귀는 사이라 해도 그것이 자신이 원하지도 않는 걸 하겠다고 합의한 건 아니에요. 이것은 모든 젠더에 해당하는 말입니다.

12. 한 번 '예스'라고 말했다고 해서, 언제나 '예스'인 것은 아니다

만약 어떤 여학생이 어떤 남학생과 사귄다(성관계를 했다)고 해서, 그 여자아이가 다른 모두와 사귀고(성관계를 하고) 싶어 한다는 걸 뜻하지는 않아요. 심지어 그 아이와 또다시 사귀고(성관계를 하고) 싶어 할 거라는 의미도 아니고요. 그 여자아이가 어떤 남자아이한테 성관계를 원한다고 말했다 할지라도, 여자아이는 언제든 동의를 철회할 수 있습니다.

어떤 여자가(또는 남자가) 과거에 뭔가를 했다는 이유로 그 사람이 자신에게도 똑같이 해 줄 거라 기대해서는 안 돼요.

13. 소녀들은 성관계에 소극적이니 '박력 있게' 밀고 나가야 한다

대부분의 여자아이는 자신이 준비되었을 때 성관계를 하길 원합니다. 남자아이들보다는 관계가 천천히 나아가길 바라죠. (물론, 성관계에 관심이 많은 여자아이도 있습니다.) 하지만 상대나 상황이 마음에 들지 않아 관심이 없는 것일 수도 있어요. 그렇다고 해서 잘못되었다거나 결함이 있는 건 아니에요. '박력 있게' 행동하는 건 성관계를 강압적이고 폭력적으로 만들 수 있습니다. 강압적인 분위기 때문이 아닌, 자연스럽게 서로에게 끌리는 것이 두 사람 모두에게 훨씬 더 즐겁지 않을까요? 성관계는 시합이 아닙니다.

⫻ ─── 허구(fiction) ─── ⫻

〔 프리야와 롭의 이야기 ② 〕

83쪽의 프리야와 롭의 이야기를 기억하나요? 롭은 프리야한테 영화관에 같이 가자고 졸라 댔어요. 그 이야기를 좀 더 건강하게 전개해 봅시다.

롭은 프리야에게 무서운 영화를 함께 보자고 했어요. 프리야는 자신은 무서운 영화를 보면 마음이 불편하고 밤에 악몽을 꾼다고 했고요.

"정말이야? 정말 너한테 무서운 영화가 그 정도로 힘든 거야?"

롭이 물었어요.

"응!"

프리야가 대답했어요.

"어떻게 되는데? 난 이해를 못 하겠어."

"몇 달 동안 계속해서 악몽을 꿔서 잠을 잘 수가 없어."

프리야가 대답했어요.

"아, 세상에! 정말 힘들겠다. 그럼 어떤 영화 보고 싶은데?"

롭이 말했어요.

"에어파이터 9!"

프리야가 소리쳤어요.

"아, 그건 내가 공포 영화 다음으로 보고 싶은 영화였어. 그럼 그거 같이 보자. 무서운 영화는 다음에 보지, 뭐."

롭이 말했어요.

롭과 프리야는 〈에어파이터 9〉를 함께 봤어요. 둘은 즐거운 시간을 보냈어요. 영화가 끝나고 나서, 영화 속에 나온 엄청난 특수 효과에 너무 흥분한 나머지 대화를 멈출 수가 없었어요. 얼른 함께 다른 영화를 보러 가고 싶었어요. 프리야는 어쩌면 언젠가는 자신이 무서운 영화를 볼 수도 있겠다고 생각했어요. 하지만 서두를 필요는 없었어요.

이 두 번째 이야기에서 롭은 여전히 무서운 영화를 보고 싶어 해요. 그리고 프리야는 여전히 그러고 싶어 하지 않아요. 하지만 프리야가 원하지 않는 걸 강요하는 대신, 롭은 프리야의 생각을 묻고 그 대답에 귀를 기울였어요. 롭은 프리야의 경계선 안에서 움직일 수 있었어요. 비록 프리야의 생각이 자신의 생각과 무척 달랐지만요. 결국 두 사람 모두 훨씬 좋은 시간과 멋진 유대감을 경험했어요.

14. 호신술을 배우면, 이런 일은 일어나지 않을 것이다

육체적 자기방어를 알려 주는 수많은 책, 자료, 수업이 있지요. 호신술은 무척 유용하고 강력한 무기예요. 여러분 모두가 그런 자료를 보기를 적극 추천합니다. 그걸로 건강한 몸을 단련할 수도 있어요. 어떤 동작을 알아 두면 언젠가 쓸모가 있을 수도 있지요.

하지만 자기방어를 배운다고 해서 성 학대를 막을 수 있는 건 아닙니다. 또한 학대를 막는 게 피해자와 피해자를 도와주는 사람들의 책임이 되어서는 안 돼요. 가해자가 잘못된 행동을 하지 말아야 합니다.

이런 잘못된 오해는 아주 나쁜 결정과 심각한 피해자 책임 전가로 이어져요. 2014년에 있었던 한 유명한 사건에서, 캐나디 판사는 10대 강간 피해자에게 이렇게 물었어요.

"왜 무릎을 모으고 있지 않았나요?"

그러고는 가해자에게 유리한 판결을 내렸답니다.

이 판사는 인간의 몸이 어떤 모양을 하고 있어야 하는지에 대한 이상한 고정 관념이 있는 게 아닐까요? 그뿐만 아니라, 강간을 당한 여자아이가 자기방어를 하지 않았다는 이유로 비난했어요. 만약 피해자가 주짓수 동작을 알아 남자를 제압할 줄 알았다면 분명 유용했겠지요. 하지만 주짓수 동작을 알고 그것을 활용하는 건 피해자의 법적 책임이 아닙니다. 또한 주짓수가 그 상황에 제대로 효과를 발휘할지도 미지수입니다. 만약 가해자가 총을 들고 있었다면요? 만약 가해자가 피해자보다 월등히 힘이 셌다면요?

또한 자기방어 동작을 알고 있었다고 해서 그런 공격이 일어나지 않았을까요? 그 끔찍한 일은 그래도 일어났어요. 그런 일이 일어나지 말았어야 했지요. 그건 강간 피해자가 아닌 가해자의 책임입니다. 피해자를 보호하는 건 당국의 책임이고요. 설령 자기방어 동작이 유용하다할지라도, 피해자가 그걸 알아야 할 책임이 있는 건 아닙니다.

15. 여자아이들과 대화하거나 눈을 마주치기만 해도 고소당할 수 있다

#미투 운동이 전 세계로 퍼져 나가며 많은 남성이 성 학대 혐의로 고소를 당하자, 몇몇 남자아이들과 그 부모들은 지레 겁을 먹었어요. 여자아이와 말을 섞거나 우연히 눈길을 주다가 희롱으로 고소당할 수도 있다는 막연한 불안감과 두려움에 떨었던 거죠.

앞에서 살펴본 것처럼, 강간 또는 학대로 인한 고소에서 거짓인 경우는 2~8퍼센트 정도입니다. 낮은 수치죠. 강간, 학대, 희롱, 스토킹,

강요 행위를 저지르지 않았다면, 여러분은 아무 문제없어요.

2장에서 말한 개념들을 다시 살펴보도록 합시다.

16. 피해자가 곧장 교사나 경찰에 알리지 않았으니 아무 일도 아니다

성폭력의 4분의 3 정도가 세상에 알려지지 않습니다. 불행하게도, 그것에는 나름대로 이유가 있어요. 가해자가 괴롭히든, 폭력을 행사하거나 학대를 하든, 그 사실을 알리는 게 무척 두려울 수 있으니까요. 때때로 피해자들은 그 일이 일어난 게 자기 잘못이라고 믿고, 가해자를 곤경에 빠뜨리고 싶어 하지 않아요. 또는 교사나 경찰을 믿지 않을지도 모르고, 아무도 자기 말을 믿어 주지 않을 거라고 지레짐작할지도 몰라요. 보복을 두려워할 수도 있어요. 가해자는 고소인에게 보복을 하기 위해 고소인에 대한 거짓말을 퍼트리기도 해요. 그래서 피해 사실을 알리는 게 가해자보다 피해자에게 더 힘든 일이 될 때도 있습니다.

실화(real story)

엠버의 이야기

2007년, 고등학교 같은 반 남학생 둘이서 엠버 와이어트를 창고에서 강간했어요. 엠버는 경찰에 신고했어요. 수많은 육체적 증거가 엠버가 강간당했다는 사실을 확인해 주었어요.

하지만 경찰이 같은 반 아이들과 성인들 35명을 탐문 조사했을 때, 아무도 엠버를 지지해 주지 않았어요. 대부분은 남학생들 편을 들었어요. 가해자들은 학교에서 인기 많은 축구 선수들이었어요. 아이들은 엠버를 매춘부이자 약물 중독자라고 묘사했어요. 심지어 벽과 자동차에 엠버를 비난하는 끔찍한 낙서를 쓰기도 했어요. 마을 사람들 모두가 엠버의 사생활에 대해 알게 되었고, 공개적으로 엠버를 조롱했어요. 이 사건은 법정으로 가지 못했어요. 강간으로 고소된 사람은 아무도 없었습니다. 엠버는 전학을 갔지만 그 사건은 여전히 엠버를 괴롭히고 있지요.

엠버 와이어트의 사례는 매우 극단적입니다. 물론 #미투 운동 이후에 피해자들에 대한 동정적 여론은 어느 정도 향상되었어요. 하지만 여전히 수많은 폭력이 알려지지 않고 있는 것이 현실입니다. 피해자가 피해 사실을 알리는 데 적극적이지 않다고 해서 피해자의 말이 거짓인 것은 아닙니다. 피해자는 그 여파가 두려운 것인지도 모릅니다. 그 여파를 두려워할 이유는 충분하니까요.

17. 난폭하지 않으면 학대가 아니다

우리가 듣는 대부분의 학대 사례는 무척 폭력적이거나 섬뜩한 강간과 추행 이야기입니다. 이런 이야기는 신문 헤드라인을 장식하지요. 이런 사건들은 아주 명쾌하니까요. 거기에는 영웅과 악당이 있습니다. 외설스럽고 추잡한 세부 내용은 영화를 보는 듯하죠.

하지만 이것이 단지 우리가 이야기하는 학대의 유일한 유형이라면, #미투는 제 역할을 하지 못했다고 할 수 있어요. '난폭하지 않으면' 학대가 아니라고 오해할 수 있으니까요.

대부분의 성 학대는 신문 헤드라인을 장식하는 사건들처럼 명쾌하거나 거칠지 않습니다. 성 학대는 문자 메시지로 오기도 합니다. 남자 친구와 여자 친구 또는 두 남자 친구들 사이에 숨은 힘의 역학 관계일 수도 있습니다. 아주 느릿느릿 조금씩 다가올 수도 있어요. 수많은 형태를 띨 수 있지요. 때때로 상세 내용은 애매모호하게 느껴질 수도 있습니다. 하지만 그렇다고 해서 학대가 아닌 것은 아닙니다.

18. 학대는 성인과 아동 사이에서만 일어난다

아닙니다. 학대는 다양한 관계 사이에서 일어나고 또래 사이의 학대라고 해도 아주 현실적이고 무자비할 수 있습니다. 피해자의 40퍼센트는 나이가 좀 더 많거나 좀 더 힘이 센 사람에게 학대당했어요. 종종 어른들이 또래 사이의 학대에 올바로 반응하지 못하거나 심지어 그 사실을 알아차리기조차 힘들 때가 있는데, 그 이유는 바로 학대와 '사춘기 호기심'의 차이를 명확하게 구분할 수 없기 때문이에요. 또래 사이의 괴롭힘과 학대에 대해서는 53쪽을 보세요.

19. 나는 가해자를 쉽게 알아차릴 수 있다

언제나 가해자가 분명하게 드러나는 건 아닙니다. 어두운 곳에서 무시무시한 악마의 탈을 쓰고 있는 가해자는 아주 드물어요. 가해자 중 상당수가 처음에는 무척이나 근사한 사람처럼 보인답니다.

가해자에게도 개인적인 문제가 있을 수 있고, 가해자 또한 그 자신이 피해자 또는 생존자일 수도 있어요. 가정에서 학대를 경험했을 수도 있습니다. 일부러 못되게 구는 건지도 모르죠. 정신 질환을 앓고 있어서 타인의 경계선을 존중하는 게 힘들지도 몰라요.(이 경우, 경계선 성격 장애*일 가능성도 있습니다. 하지만 경계선 성격 장애가 있다고 해서 모두가 다른

---

*경계선 성격 장애: 정서·행동·대인 관계가 매우 불안정하고 변동이 심한 이상 성격으로 감정의 기복이 심한 성격 장애.

사람들을 학대하는 건 아닙니다.) 여러분이 가해자를 알아차릴 수는 있지만, 이들의 외모, 지위, 옷, 인종, 계급, 성 정체성, 기질 같은 요인들로 알아차릴 수 있는 건 아니에요. 그렇기 때문에 가해자의 행동에서 나타나는 특징에 대해 미리 알아 두어야 합니다.

여러분보다 나이가 많은 가해자를 알아볼 수 있는 몇몇 징조 또는 위험 신호를 지금부터 알려 주겠습니다.

- 경계선을 존중하지 않는다. 또는 싫다고 말해도 귀담아듣지 않는다.
- 아이가 싫다고 말해도 계속해서 몸에 손을 댄다.
- 아이에게 어른이 아닌 친구가 되려고 한다.(근사하게 느껴질 수도 있지만, 성범죄자들의 행동의 징표일 수도 있다.)
- 아이에게 마약, 알코올, 음란물 또는 그 밖의 부적절한 것들을 제안한다.
- 자기 나이 또래 사람들과 건강한 인간관계를 유지하지 못하는 것처럼 보인다.
- 아이들과 고집스레 비밀을 유지하려고 한다.
- 아이들에게 자신의 개인적인 문제 또는 인간관계에 대해 이야기한다.
- 아이와 단둘이 시간을 보내려 한다. 아이와 단둘이 있을 이유를 만든다.
- 아이의 성적 발달에 유별난 관심을 드러낸다. 이를테면, 성적 특성에 대해 언급하거나 평범한 행동에도 성적 매력을 부여한다.
- 아무 이유 없이 아이에게 선물을 준다.(대부분의 경우 가족 이외의 어른이 아이에게 개인적으로 선물을 줄 이유는 없다.)

나이와 상관없이 나타나는 가해자의 특징은 아래와 같습니다.

– 자존감이 낮은 사람을 타깃으로 삼고 다가간다.

– 사교적이고 유쾌한 성격으로 인기가 많다.

– 자기애가 강하다. 또는 자신에 대해 과장해서 말한다. 지속적으로 자기가 다른 사람들보다 잘났다고 떠벌린다.

– 누군가를 한순간 정말 좋아하다가도 이윽고 그 사람을 부당하게 대우한다.

– 위험한 행동을 자주 한다. 이를테면 자동차를 과속으로 몰아서 피해자를 겁주고, 수업을 빼먹고, 또는 마약을 하거나 술을 마신다.

– 극단적으로 신경질적인 경향이 있다. 사람들과의 상호 작용 또는 특정한 사건을 개인적인 공격으로 간주한다.

– 지속적으로 성적 경계선을 밀어내고, 상대가 싫다고 말해도 어떤 사항을 반복해서 요구한다.

– 자신의 문제를 남 탓으로 돌린다.

– 자신의 감정과 욕구를 자신이 아닌 다른 사람의 책임으로 돌린다. 그러면서 비합리적인 요구를 한다.

예) "네가 나를 발기하게 만들었어. 그러니 네가 마무리해야 해. 안 그러면 넌 나를 정말 화나게 하는 거야."

– 동물이나 어린아이들에게 잔인한 짓을 저지른다.

가까운 사이일 경우, 가해자는 다음과 같은 기술을 사용하기도 합니다.

– 무척이나 달콤한 말로 인간관계를 시작한다. 이윽고 두 사람의 관계가 아주

진지하고 깊어졌다고 주장한다.

－ 피해자를 친구 또는 가족으로부터 고립시킨다.

－ 꼭 필요한 경우가 아니라면 피해자의 감정 따위에는 신경 쓰지 않는 것처럼 보인다.

－ 질투하고 간섭하려 한다. 인간관계의 초기에는 사랑과 관심처럼 보일 수 있다. 하지만 지나고 보면 그렇지 않다.

－ 피해자가 자신의 기분을 좋게 해 주기를 기대한다. 그리고 자신의 욕구를 모두 받아 주기를 원한다.

－ 성적 경계선을 점점 더 밀어낸다.

－ 손바닥으로 때리거나 상처를 주는 성행위로 피해자의 품위를 떨어뜨리고 비하한다.

－ 피해자의 외모를 모욕하는 등 언어적 학대를 한다.

－ 어떤 때는 친절하게 굴다가도 어떤 때는 폭력적으로 변한다.

－ 만약 피해자가 떠나려 하면 빌고 애원하며 극단적으로 감정적이 된다.

－ 폭력적인 위협을 가한다. 또는 폭력을 사용한다. 그러고는 그렇게 행동할 수밖에 없었다고 우긴다.

－ 피해자의 가족과 친구들에게 걱정을 불러일으킨다. 그러면서 그 사람들을 피해자의 삶에서 밀어내려 한다.

20. 가해자는 내가 필요하고 나는 그 사람을 도울 수 있다

가해자가 때로는 누군가에게 피해를 입은 피해자인 경우도 있습니다. 설령 그렇다 해도, 그것이 학대 행위를 정당화할 수는 없어요. 또한 피해자가 가해자의 말을 따라야 한다거나 가해자를 측은하게 여기고,

또는 회복시켜야 한다는 뜻도 아니에요. 치료는 전문가에게 맡겨야 합니다. 무엇보다 먼저 피해자가 보호받아야 해요. 가해자가 뭐라고 말하든 비전문가는 누군가를 돕거나 회복시켜 줄 수 없어요. 피해자는 선의를 가지고 가해자를 도우려 한 것이지만 그런 시도 때문에 결과적으로 피해자가 더욱 고통받게 되죠.

21. 가해자는 피해자에게 성적인 매력을 강하게 느껴서 자제할 수 없을 뿐이다

가해자가 피해자에게 성적으로 끌렸을 수도 있습니다. 하지만 이런 편견과 오해는 아주 부정적인 결과를 낳습니다. 예를 들어, 이런 태도는 피해자가 매력적이거나 너무 섹시한 옷을 입었기 때문에 가해자가 어쩔 수 없이 학대를 할 수밖에 없었다는 궤변이 되어 비난의 화살을 피해자에게로 돌립니다. 이건 잘못된 생각이에요. 가해자는 자신의 행동에 책임을 져야 해요. 다른 건 모두 변명에 불과합니다.

누군가에게 성적인 매력을 강하게 느낀다고 해서 그 사람을 학대하지는 않습니다. 학대 상황이 성적 매력 때문에 일어나는 건 아니에요. 학대 행동에는 다른 충동이 작용합니다.

힘과 통제에 대한 욕구, 감정 이입의 결여, 기회의 포착 등과 같은 요인일 수도 있어요.

지난 수년 동안, 수많은 사람이 가톨릭교회를 고발하고 나섰습니다. 많은 남자가 어렸을 때 가톨릭 사제에게 그루밍을 당하고 학대를 받아 왔다고 증언했어요. 이것이 학대를 한 사제들이 모두 게이이거나 남자아이에 강하게 매력을 느꼈다는 걸 의미하지는 않아요.

이 사례들을 살펴보면 몇몇 가톨릭 사제들은 자신의 권위와 성경

지식을 이용해 자신이 원하는 대로 하게끔 소년들을 유도하고 괴롭혔으며, 위협하고, 강요했다고 해요. 자신의 지위와 힘을 이용해 피해자들을 통제하려고 한 것이지요.

가해자들은 자신의 행동이 소년들에게 트라우마로 남을 것을 인지하지 못했거나 신경 쓰지 않았습니다. 감정 이입의 결여 또는 누군가의 감정에 공감하는 능력이 부족하다는 것을 여실히 보여 주죠.

이들은 취약한 어린 소년들에게 지속적으로 접근했고, 비밀리에 착취했어요.

피해자가 성적 매력이 있든 없든 아무 상관없습니다.

22. 학대 피해자가 할 수 있는 건 아무것도 없다

여러분은 맞서 싸울 수 있습니다. 가해자가 가족이든, 목사이든, 친구이든, 또는 여러분 삶에서 중요한 누구든, 여러분에게는 힘이 있습니다. 여러분이 고통받을 이유가 조금도 없어요. 4장에서는 여러분이 어디에 도움을 청할 수 있는지 상세하게 설명하겠습니다.

만약 상처를 받은 누군가를 알고 있다면, 여러분은 그 사람의 든든한 연대가 되어 줄 수 있습니다. 또는 성 학대 피해자를 지원해 주는 사람이 될 수도 있습니다. 5장에서는 뜻을 같이하며 연대하는 방법을 이야기하겠습니다.

운 좋게도 학대를 한 번도 마주한 적이 없다 할지라도, 여러분은 올바른 성 인식을 퍼트리고 #미투 메시지를 확산시킬 수 있습니다. 이 부분은 6장에서 상세하게 다루겠습니다.

4장

도움 요청하기

이 장에는 성적으로 노골적인 내용과
자극적일 수 있는 내용이 들어 있습니다.

도움 요청은 매우 어려울 수 있습니다. 여기, 수많은 피해자가 외부의 지원을 요청하지 않은 이유를 몇 가지 알아보겠습니다.

- 피해자는 가해자의 보복을 두려워한다.
- 피해자는 경찰이 문제를 제대로 처리해 주거나 자신의 안전을 보호해 주리라고 믿지 않는다.
- 피해자는 자기가 겪은 일이 세상에 알릴 정도로 '그렇게 나쁜 일'은 아니라고 생각한다.
- 피해자는 사람들이 자기 말을 믿어 줄 거라 생각하지 않는다.
- 피해자는 그게 학대라는 걸 제대로 이해하지 못한다. 가해자가 피해자의 생각에 영향을 미쳤기 때문이다.
- 피해자는 모든 게 자기 잘못이라고 느낀다.
- 피해자는 문제를 일으키고 싶어 하지 않는다.

이런저런 이유로, 아동 학대 피해자의 38퍼센트 정도만 피해 사실을 다른 누군가에게 알립니다. 그리고 이 아이들 중 약 40퍼센트가 어른이 아닌 친구들에게만 말합니다. 결국 아동 성 학대 사건의 다수가 알려지지 않고 언급조차 되지 않는다는 뜻이에요. 그리고 엄청나게 많은 성범죄자들이 여전히 자유롭게 거리를 활보하고 있다는 뜻이기도 합니다.

학대는 절대 피해자의 잘못이 아닙니다. 끔찍해 보이든 그다지 끔찍해 보이지 않든, 우리는 수많은 유형의 학대에 관심을 가져야 합니다.

하지만 앞에서 언급한 이유에는 나름대로 타당한 것도 있습니다. 어떤 가해자는 정말로 피해자에게 보복을 저지르기도 합니다. 설상가상, 국가가 실수를 하거나 제대로 대처를 못하는 경우도 있습니다.

학대 사실을 알리는 게 언제나 완벽한 방법이고, 모든 것이 여러분이 원하는 대로 정확하고 명쾌하게 해결될 것이라고 말할 수 있으면 좋겠어요. 즉, 악당은 합당한 벌을 받고, 정의는 승리를 거두고, 피해자는 당당하게 앞으로의 삶을 살아가면 얼마나 좋을까요. 하지만 불행하게도, 늘 일이 그렇게 해결되는 것은 아닙니다. 정의가 언제나 승리하지는 않습니다. 가해자가 항상 응당한 대가를 치르는 것도 아닙니다. 우리의 입법·행정·사법 시스템은 이런 일을 원만하게 처리하는 데 부족한 면들도 있어요. 그리고 때때로 법적 절차가 진행되는 과정에서 오히려 피해자가 큰 고통을 받기도 합니다.

도움을 요청하는 데에는 엄청난 용기가 필요합니다. 성인이라면, 가해자를 고소할까를 두고 스스로 결정할 거예요. 하지만 미성년자의 경우 자신이 겪은 학대 사실이 알려지는 게 두렵고 여러 기관과 사람들이 개입하게 되는 것이 부담스러울 수 있어요.

하지만 대부분의 어른들은 아이들을 보호하려고 노력해요. 대부분의 사람들은 기꺼이 도와주려고 합니다. 나쁜 상황을 제대로 해결하려

노력하죠. 아동 피해자들과 그 가족에게 여러 방면으로 지원해 줄 수 있습니다.

혹시 피해를 알리는 방법에 결함이 있더라도 피해자들은 필요한 상담을 비롯해 다양한 지원을 받을 수 있고, 받아야 합니다. 학대는 절대로, 피해자 혼자 감당해서는 안 됩니다.

피해자가 필요한 정보와 지식을 갖추고, 많은 사람들이 곁에서 도와준다면 피해자는 피해 사실을 제대로 알릴 수 있을 거예요. 그리고 그 과정에서 피해자는 치유받을 수 있어요.

나아가 다른 사람들을 자신과 같은 고통에서 구할 수도 있어요.

여기에서는 피해자가 도움을 구하는 방법을 이야기할 거예요. 여러분이 교사, 부모님 또는 친구에게 알릴 때 예상되는 것들을 분명히 알려 주겠습니다. 학대를 법정에서 어떻게 다루는지 그리고 가해자가 유죄 판결을 받을 때 무슨 일이 벌어지는지도 설명할 거예요. 법률과 관련한 내용을 조금 배우게 되겠지만 그걸 반드시 기억할 필요는 없어요. 어쨌든 알아 두면 무척 유용할 거예요.

내용을 이해하기 쉽도록, 이 장에서는 때때로 피해자를 '여러분'이라고 지칭하겠습니다. 독자 여러분이 학대의 피해자라는 뜻은 아닙니다. '여러분'이라는 호칭은 여러분이 알고 있는 사람 또는 여러분이 알지 못하는 누군가도 될 수 있습니다.

(1) 도움을 요청하지 않을 때의 위험

도움을 요청했다가 오히려 문제가 일어날까 봐 두려울 수도 있어요. 하지만 도움을 청하지 않았을 때 빠지는 위험은 훨씬 더 심각해요. 도움을 요청하지 않으면 다음과 같은 위험에 빠질 수 있습니다.

– 학대가 지속되거나 더욱 심해질 것이다.

– 여러분은 미처 알아차리지 못한 트라우마를 안고 살게 될 것이다. 이것은 평생 정신적으로 부정적인 영향을 미칠 수 있다.

– 트라우마를 제대로 치유하지 못하면 심각한 문제를 일으킬 수 있다. 우울, 불안, 인간관계 문제, 마약과 알코올 문제 그리고 자살 충동에 사로잡히는 경향이 있다.

– 가해자가 다른 사람들에게도 해를 끼칠지 모른다.

피해 사실을 알리는 건 무척 힘든 일입니다. 하지만 이 모든 걸 오롯이 혼자 견뎌 낼 필요는 없어요.

(2) 도움을 요청하는 방법
1단계. 도움이 필요하다는 사실을 인정하자

가장 힘든 단계 중 하나입니다. 상황이 그렇게 나쁜 건 아니라고, 혼자 힘으로 처리할 수 있다고, 문제를 인정하면 일이 더 꼬일 뿐이라고 생각하기 쉽습니다. 만약 가해자가 지속적으로 여러분의 인생에 끼어들고, 여러분에게 거짓말을 하고 있다면, 도움이 필요하다는 걸 인정하는 게 특히 더 힘들지요.

만약 도움을 받지 못하면, 상황이 더욱 악화된다는 걸 명심하세요. 가해자가 스스로 그만둘 수도 있겠지만, 그렇다 하더라도 여러분은 트라우마를 안고 살아가게 될 거예요.(74쪽을 보세요.) 아무리 강인한 사람도 혼자 힘으로 트라우마를 견디며 살아갈 수는 없습니다.

2단계. 물적 증거를 확보하사

대부분의 아동 성 학대 사건은 물적 증거가 거의 없거나 아예 없습

니다. 만약 물적 증거가 있다면, 그 증거를 잘 보관하세요. 나중에 큰 도움이 됩니다.

피해자와 가해자 사이에 오고 간 쪽지, 이메일, 사진 또는 문자 메시지가 물적 증거가 될 수도 있습니다. 목격자가 있다면 그 역시 도움이 될 수 있어요.

만약 가해자가 폭력적이라면, 멍 자국이나 상처 자국이 물적 증거가 될 수도 있습니다. 이런 증거를 사진으로 찍어 두세요. 거기에 덧붙여 여러분의 얼굴 또는 주근깨나 점 등으로 분명한 표시를 해서 그 상처가 여러분 것임을 증명하세요.

만약 성폭력을 당했다면, 의사는 진료 과정에서 성폭력 응급 키트로 증거 채취를 도와줄 거예요. 이런 증거는 가해자를 확인하고, 폭력이 일어났다는 걸 증명해 줄 겁니다. 성폭력 응급 키트는 성폭력이 발생하고 나서 72시간 이내에만 사용할 수 있습니다. 피해자는 증거 채취 전에는 샤워를 하지 않아야 해요. 성폭력이 일어났을 때 입고 있던 옷을 입도록 권고합니다. 그리고 당시 입었던 옷이나 침대보 등 증거가 될 수 있는 물건은 씻지 말고 그대로 두어야 해요.

아동 학대 사건에 있어서 물적 증거가 드문 이유는 아주 간단합니다. 피해자들은 문자 메시지, 이메일 또는 사진에 당혹스러움을 느껴요. 그래서 그런 증거를 없애 버립니다. 만약 아는 사람한테 성폭력을 당했다면, 더더욱 아이들은 병원에 가서 성폭력 응급 키트 조사를 받지 않으려 해요. 또한 가해자가 항상 표시를 남기는 것도 아닙니다.

3단계. 마음을 굳게 먹고 다음의 셋들을 명심하지
  – 학대는 여러분의 삶에 커다란 충격을 줄 것이다.

－ 학대가 여러분을 규정하지는 못한다. 여러분은 여전히 여러분 자신이다.

－ 학대받았다고 해서 여러분이 이상한 사람이 된 것은 아니다. 지금 여러분은 끔찍한 도전을 극복하는 중이다.

－ 학대는 주홍 글씨*가 아니다. 목격자가 있거나 여러분이 먼저 말하지 않는 이상 아무도 학대에 대해 알지 못한다.

－ 여러분의 궁극적인 목적은 준비가 되었을 때, 평범한 삶을 회복하는 것이다.

4단계. 어떤 일이 있었는지 꼼꼼하게 기억하자

만약 여러분이 경찰에 학대 사실을 알린다면, 경찰은 무슨 일이 있었는지 상세하게 물어볼 거예요. 그것도 여러 차례. 법정 재판까지 이어지면 여러분은 무슨 일이 있었는지 수십 번 질문을 받게 됩니다. 보통은 전문가들이 이 과정에서 아이들을 이끌어 주지만, 그래도 이 과정들은 무척 힘겹습니다. 트라우마는 잘못된 기억을 심어 줄 수도 있습니다. 그러다가 여러분이 사건의 조각들을 잊어버릴지도 몰라요. 끔찍했던 일을 낯선 사람들에게 말하는 건 무척 고통스럽고 떠올리기 싫은 일입니다. 어쨌거나 여러분이 준비가 되어 적절한 도움을 받을 때, 경찰에서는 아래와 같은 질문을 할 거예요.

－ 누가 학대를 했나요?

－ 학대가 일어난 날짜는 정확히 언제인가요?

－ 학대가 여러 차례 일어났다면, 언제 시작되었는지 기억할 수 있나

---

*주홍 글씨: 간통한 여자에게 그 벌로써 가슴에 간음을 뜻하는 글자를 주홍색으로 달아 주었던 것을 이르는 말.

요? 몇 년도였나요? 사건이 일어난 그 시간과 가까운 휴일 또는 이벤트를 기억하나요?

- 학대가 일어난 장소는 어디인가요?
- 육체적 접촉이 있었나요? 있었다면 그 사람이 당신 몸 어디를 만졌나요?
- 어떻게 만졌나요?(삽입, 애무, 아니면 때렸나요?)
- 멍 자국 같은 물적 증거가 있나요?
- 목격자가 있나요?
- 그 일을 누구한테 말했나요?
- 성적, 언어적 또는 디지털 접촉이 있었나요? 그 사람이 뭐라고 말하거나 문자를 보내거나 이메일을 보냈나요?
- 그 사람과 나눈 대화 기록이 있나요? 이메일, 전화 통화 또는 문자는? 다 제출할 수 있나요?

명심합시다. 이런 질문에는 맞는 답이나 틀린 답 따위는 없어요. 그저 진실을 말하면 됩니다.

5단계. 물증이 확실하지 않아도 누군가에게 말하자

물적 증거와 증인은 나중에 법정에서 무척 유용할 수 있습니다. 하지만 그것보다 여러분이 학대를 당하고 있다는 걸 어른에게 말하는 게 훨씬 더 중요해요. 그렇게 하면 안전해지고, 필요한 도움도 받을 수 있습니다. 증거가 부족하다는 이유로 멈추지 마세요. 어떤 일이 벌어졌는지 증명하는 건 여러분의 책임이 아닙니다. 여러분은 법률가도 아니고 형사도 아니고 검사도 아니에요. 특히 심각한 위기의 순간에는 증거에 대해 지나치게 스트레스를 받지 마세요.

6단계. 정의(定義)에 대해 알자

학대를 당했다고 거짓말을 하는 사람은 아주 극소수입니다. 하지만 '학교 내 성폭력 방지'를 위해 일하는 의사 셰릴 그래프트에 따르면, 몇몇 아동들이 잘못된 사실을 알리는 이유는 지식이 부족하기 때문이라고 합니다.

여러분은 강간이나 추행이라는 단어가 무엇을 뜻하는지 정확히 알고 있나요? 그러한 단어를 사용하기 전에, 그 단어가 무엇을 뜻하는지 확인하세요. 만약 여러분이 상황을 이런 식으로 묘사한다면, 훨씬 더 의미를 명확히 전달할 수 있을 거예요.

"그 남자가 나한테 성적 단어가 든 문자를 보냈어요." 또는 "그 여자가 내 가슴을 손으로 만졌어요."

단어의 정의에 대해서는 2장을 살펴보세요.

7단계. 믿을 만한 어른한테 말하자

또래 집단은 여러분을 도와줄 힘이나 지식이 없습니다. 형제자매나 비슷한 연령대의 친척들 또한 마찬가지고요. 아이가 말할 수 있는 최고의 상대는 어른입니다.

그러니 믿을 만한 어른을 선택하세요. 여러분을 보호해 주고, 돌봐주고, 행동해 줄 사람이어야 해요. 그래야 이 짐을 여러분 스스로 지지 않을 수 있어요. 많은 아이들은 부모에게 알립니다. 어떤 아이들은 선생님, 코치 선생님, 의사 선생님에게 말하지요.

여러분의 삶에서 이런 범주에 들어가는 어른들은 누가 있나요?

8단계. 믿을 만한 어른이 없다면, 단체의 힘을 빌리자

만약 주변에 믿을 만한 어른이 없어도 걱정하지 마세요. 여러분을 도울 수 있는 기관이나 단체들이 있으니까요. 여러분은 성폭력피해자 지원센터(1899-3075), 학교폭력 상담 및 신고센터 117, 여성긴급전화 1366, 해바라기센터, 성폭력 상담소 등에 상담 전화를 할 수 있습니다. 또한 112도 있습니다.

이곳에서는 훈련받은 전문가들이 도와줄 준비를 하고 있습니다. 이들은 여러분을 정서적으로 돕고, 여러분이 사는 지역과 가까운 기관을 연결해 줄 거예요. 이런 전문가들은 아동이 관련된 사건의 경우, 신고 의무가 있습니다. 만약 여러분이 가정에서 위험에 처해 있다면, 이들은 여러분이 사는 지역아동센터에 알려 집안 사정을 조사할 거예요.(책의 마지막 부분에 도움을 받을 수 있는 핫라인 상담 전화와 지원 기관 목록을 적어 두었습니다.)

9단계. 신고 의무에 대해 알아 두자

일부 어른 중에는 신고 의무가 있는 사람이 있어요. 학대를 당했다는 사실을 알게 되면, 그 사람들은 관계 기관에 신고를 해야 해요. 법으로 그렇게 정해져 있지요. 우리나라의 경우, 아동 학대 피해 사실을 알게 된 사람은 '누구든지' 경찰에 신고할 수 있습니다. 특히, 아동 교육, 보호, 지원, 상담 및 의료 부문 종사자는 법에 따라 '반드시 신고해야' 하는 의무가 있습니다. 만일 신고 의무자가 아동 성폭력 피해 징후를 발견하고도 '정당한 사유 없이' 신고하지 않을 경우 아동학대범죄의 처벌 등에 관한 특례법에 따라 1,000만 원 이하의 과태료 처분을 받을 수 있습니다.

따라서 만약 누군가에게 학대를 알리면, 그 내용은 순차적으로 보고

될 거예요. 예를 들어, 선생님한테 말하면 선생님은 경찰에 신고하고 교장 선생님께 보고할 거예요. 그래서 여러분이 당한 행동에 범죄 혐의가 있다면, 경찰이 관여하게 될 거예요. 또래끼리의 괴롭힘과 학대는 때로 학교에서 처리되기도 합니다.(133쪽을 보세요.)

의사는 법에 따라 아동 보호 기관에 알릴 의무가 있습니다. 만약 여러분이 핫라인 상담 전화에 있는 사람에게 말한다면, 그 사람은 관계 기관에 보고할 의무가 있습니다. 누구에게 이런 보고의 의무가 있는지 알고 싶다면 '아동학대범죄의 처벌 등에 관한 특례법'을 검색해 보세요. 제10조 2항에서 신고 의무자를 확인할 수 있습니다.

여러분이 맨 처음 접촉하는 사람이 그 사건을 조사하고 사법 정의를 실현할 책임을 질 필요는 없지만, 그 사람은 그 사실을 알려야만 합니다.

어쩌면 여러분이 부모님께 학대 사실을 알렸을 때, 부모님도 무엇을 해야 할지 정확히 모를 수도 있어요. 아쉽게도, 어른들 역시 이런 문제에 대해 제대로 교육을 받지 못했어요. 하지만 교육을 받고 여러분을 보호해야 하는 건 어른들의 책임입니다. 어른들은 신고 의무에 대해 배워야 해요.

10단계. 어른들 또한 감정적인 반응을 보일 수 있다는 걸 알자

다음은 아이가 학대 사실을 알렸을 때 바람직한 어른의 반응입니다. **아이의 말을 귀담아듣고 어떤 일이 벌어졌는지 재빨리 알아차립니다. "난 네 말을 믿어."라고 말하며 차분하게 지지를 보냅니다. 버럭 화를 내거나, 분통을 터트리거나, 또는 가해자에게 직접 폭력을 가하겠다고 흥분해서는 안 돼요.**

어른들은 위와 같은 가이드라인을 따라야 합니다. 하지만 불행하게도,

모든 어른이 이런 가이드라인을 아는 건 아니에요.

만약 이야기를 털어놓은 어른이 깜짝 놀라 흥분한다 해도 여러분이 괜한 사실을 전했거나 잘못한 건 아니에요. 그 어른은 여러분을 무척 걱정해서 감정적인 반응을 보이는 거예요. 여러분이 뭔가 나쁜 일을 저지른 것 같은 기분이 들지도 몰라요. 하지만 잘못은 가해자가 저지른 것이지 여러분이 저지른 게 아닙니다. 또한 학대 사실을 들은 어른의 반응에 여러분의 책임이 있는 것도 아니에요. 그 사람은 성인으로, 자신의 감정을 조절하고 올바른 일을 할 책임이 있습니다.

만약 내 딸이 학대를 받았다고 내게 말한다면 나 역시 분노를 참느라 무척 힘든 시간을 보낼 거예요. 하지만 내가 지금 당장 완벽하게 반응을 보이지 못한다 할지라도, 내 딸을 보호하기 위해 필요한 행동은 반드시 해야 합니다.

만약 어른이 여러분 말을 믿어 주지 않거나 또는 여러분을 귀찮은 듯 쫓아 버린다면, 무척 실망스러울 거예요. 하지만 절대 포기하지 말고 다른 어른을 찾아보세요.

11단계. 상담을 받고 스스로를 돌보자

성 학대 피해자들은 피해 직후 즉각 상담을 받아야 합니다.

피해자가 스스로를 챙기는 건 무척 중요합니다. 피해자들이 상담을 받지 않고 엄청난 스트레스를 혼자 견디려 하다 보면 끔찍한 결과가 일어날 수도 있습니다. 피해 사실을 알리는 과정에서 스트레스가 급증하는 경우가 많아요.

스트레스와 학대 트라우마는 몸과 마음에 엄청난 상처를 입힙니다. 불면증에 시달리고, 나쁜 식습관에 빠져들고, 피부 질환, 학습 부진,

우울, 불안 등을 일으킬 수 있습니다. 심각한 경우 자해, 인간관계 문제, 마약과 알코올 남용 등을 불러올 수도 있고요.

따라서 이 시기에 상담은 꼭 필요합니다. 여러분의 삶에 밀접히 관련되어 있는 어른들에게는 여러분을 도울 책임이 있습니다. 학교 상담 교사에게 무슨 도움을 받을 수 있는지 물어보세요.

올바른 도움을 받으면 치유할 수 있습니다. 시간이 좀 걸리겠지만, 상담은 지금 당장의 위기 순간뿐만 아니라 평생 더 나은 정신 건강을 위한 중요한 도구가 되어 줄 거예요.

마지막으로, 여러분은 주변 사람들에게 사랑과 지지를 요청하고 받아들여야 합니다. 사랑하는 사람들과 함께하세요. 함께 여러분의 감정에 대해 이야기를 나누세요. 그 사람들의 도움을 받으세요. 앞에서 펑펑 울어도 됩니다. 여러분에게 무엇이 필요한지 말하세요. 아니면 뭐가 필요한지 모르지만 그 사람들이 옆에 있으면 좋겠다고, 아니면 전화 통화가 필요하다고 말하세요. 그 사람들이 아무 말도 하지 않고 가만히 들어 주기만 하더라도요. 여러분을 사랑한다면, 여러분의 부탁을 들어 줄 거예요. 뒤로 물러서는 건 끔찍한 감정과 스트레스를 더할 뿐입니다. 치유의 첫걸음은 마음을 여는 데서 시작합니다.

치유를 위해 운동은 꼭 필요합니다. 가만히 앉아 있으면 우울과 불안감이 더 커집니다. 운동을 하면 자신감이 올라가고, 감정을 추스를 수 있고, 스트레스가 줄고, 건강하게 식사할 수 있고, 몸과의 관계를 다시 회복할 수 있습니다. 운동의 장점은 끝이 없어요. 운동 선수가 되라는 말이 아닙니다. 매일 30분 정도의 운동이면, 또는 활기차게 걷기만 해도 그 차이는 어마어마해집니다.

가능하다면, 법적 진행 과정 및 소송 절차에서 빠져나와 휴식을 좀 취하세요. 돌봐 주는 사람들에게 오늘은 피해 사실에 대해 이야기하고 싶지 않다고, 또는 사회 복지사를 만나고 싶지 않다고 말하세요. 오늘은 그냥 평범한 날로 지내고 싶다고 말하세요. 가족과 함께 근사한 외식을 하거나 어딘가로 여행을 가자고 제안해도 좋아요. 학대가 일어났다고 해서, 그것이 인생 전부를 차지하게 내버려 두지 마세요. 쉬어도 됩니다. 그저 그 사건을 깊숙이 묻어 두고, 일어난 사실을 잊어버리지만 마세요.

치유는 현재 진행형입니다. 하지만 우리는 언젠가 위기 모드에서 벗어날 겁니다. 상담과 같은 올바른 지원은 여러분의 삶이 정상 궤도로 나아가는 데 큰 도움이 될 것입니다.

12단계. 가해자가 보복하거나 위협한다면, 그 사실을 어른에게 알리자

여러분이 피해 사실을 알렸다는 이유로 만약 누군가 보복하거나 여러분을 불편하게 한다면, 믿을 만한 어른에게 곧바로 말하세요. 가해자가 여러분에게 접근하면 안 되는데도 자꾸 접근한다면, 증거를 모아 곧장 어른에게 말하세요. 가해자를 그냥 무시해 버릴 수 있다면, 그렇게 해도 좋아요. 절대 가해자와 엮이면 안 됩니다.

13단계. 피해자의 익명성은 법으로 보장받는다는 사실을 명심하자

학대 사실을 밝혔다고 해도 피해자의 이름이 공개적으로 드러나서는 안 됩니다. 법정 기록에서든, 보고서에서든, 특히 뉴스와 신문에서도. 법은 여러분의 익명성을 보장합니다.

14단계. 학교 내 성희롱·성폭력 대응 매뉴얼과 전담 기구를 알아 두자

교육부가 제작한 '학교 내 성희롱·성폭력 대응 매뉴얼'에는 학교에서 학대가 발생했을 때 문의 및 신고, 대응 절차, 전담 기구 등 유용한 정보가 담겨 있습니다. 해당 매뉴얼은 교육부 홈페이지에서 확인할 수 있습니다. 학교에서 담임 교사, 보건 교사 등 믿을 만한 어른에게 피해를 알리고 궁금한 것은 무엇이든 물어보세요. 여러분에겐 도움을 받을 권리가 있습니다.

15단계. 온라인에서 정보를 찾을 때는 신중하자

인터넷에서 법률적 문제, 상담, 정신 건강, 학대, 그 밖에 민감한 주제에 대한 답을 찾을 때에는 신중해야 합니다.

온라인에 여러분의 개인 정보를 절대 노출시키지 마세요. 만약 현재 처한 상황에 대해 누군가와 말하고 싶다면, 앞에서 소개한 믿을 만한 핫라인 상담 전화나 이 책 말미에 적어 놓은 관련 기관에 전화하세요. 온라인에서 검색해서 찾은 번호로는 전화를 걸지 마세요. 또한 자신의 정보를 아무 데나 입력하지 마세요.

믿을 수 있는 웹 사이트의 자료를 참고하되 소셜 미디어나 SNS에서 정보를 찾지 마세요. 여러분을 도와주기에는 친구들의 경험이 부족하답니다. 그리고 만약 법률 소송 중이라면, 온라인에 그 사실을 전부 공개하지는 말아야 합니다. 그로 인해 소송에 영향을 받을지도 모릅니다.

정말 실제적인 정보를 찾으려면, 누구나 함부로 떠들어 대는 토론 게시판에서 벗어나야 합니다.

신문 기사를 읽을 때도 그것이 진짜 믿을 만한 내용인지 확인해 보세요.

믿을 만한 기사는 실제 연구와 조사를 인용하거나 의사 또는 법률가 등 전문가의 말을 적절히 활용합니다. 오늘날의 미디어 환경에서는 가짜 정보와 진짜 정보를 구분하기가 무척 힘들어요. 기사를 찾아볼 때는 그 점을 유념하도록 합시다.

인터넷에는 부정적인 내용이 수없이 많아요. 만약 몹시 화가 나거나 감정에 휩쓸린 상태로 해답을 찾고 있는 중이라면, 이런 부정적인 글을 무시하기가 힘들 수 있습니다. 익명의 사람들이 애초에 피해자가 그럴 만한 잘못을 저질렀다고 비난하는 글을 보게 될 수도 있습니다. 여성을 폄하하는 웹 사이트, 또는 눈살 찌푸리게 하는 음란한 내용들도 넘쳐 나지요. 온라인에서 부정적인 내용을 완전히 거르는 건 불가능합니다. 그러니 조심하도록 해요. 그리고 인터넷의 그 모든 부정적인 내용이 실제가 아닐 수 있다는 걸 명심합시다.

만약 여러분이 처한 상황과 관련된 정보를 찾는 것이라면, 믿을 만한 어른에게 말하세요. 인터넷을 찾아보면 위안이 될지도 모르지만, 그보다 중요한 것은 여러분에게 '정말로 필요한' 정보 또는 지원입니다.

16단계. 변호사와 상담하자

만약 학교에 호소했는데 아무런 변화가 없다면, 부모 또는 아동 학대 피해자를 돌봐 주는 사람들은 여러분을 대신해 변호사를 고용할 것입니다. 훌륭한 변호사는 여러분을 도와 소송이 필요한지 파악하고, 문제를 적절히 대처할 거예요. 변호사와 이야기한다고 해서 무조건 법정에 가는 건 아닙니다. 상담을 통해 관련 정보를 얻을 수 있다는 뜻입니다.

이때 변호사는 학대 트라우마 피해자를 도울 수 있는 전문 변호사여야 합니다. 이런 변호사는 법률은 물론이고 트라우마 피해자와 이야기하는 법, 여러분이 살고 있는 지역의 관련 지원 기관들에 대한 정보를 두루 알고 있을 겁니다.

만약 부모나 보호자가 가해자라면, 아동은 상담 후 보호 시설에 들어가 보호자로부터 격리된 상태로 도움을 받을 수 있습니다.

17단계. 소송에 필요한 절차를 미리 알아 두자

성 학대에 관한 사법 절차는 여러분이 영화에서 보는 것과는 완전히 다릅니다. 법원에 민사 소송을 제기해 가해자에게서 금전적인 보상을 받아 낼 수도 있습니다. 또는 형사 소송을 통해 가해자가 금고형이나 실형을 선고받게 할 수도 있습니다. 가해자가 미성년자일 경우 소년원에 갈 수도 있습니다.

만약 여러분이 피해자라면, 나는 여러분이 법정에 가서 최대한 사법 정의를 추구하기를 바랍니다. 하지만 소송을 제기하기 전 몇 가지 알아야 할 게 있습니다.

사법 절차는 시간이 오래 걸립니다. 판결이 나오기까지 몇 년이 걸릴 수도 있습니다. 늘어지는 사법 절차가 여러분에게 좌절을 안겨 줄 수도 있고, 스트레스를 줄 수도 있습니다.

수많은 이유로 법정까지 가지 않는 사건도 아주 많아요. 이런 사건들은 법정 밖에서 해결되지요. 피해자는 학교 또는 가해자로부터 합의금을 지급받습니다. 또는 검찰에서는 이런저런 이유로 불기소(검사가 공소를 제기하지 않음.) 처분을 내리기도 합니다.

또래의 성폭력은 기소당하는 경우가 무척 드물어요. 대부분의 경우 피해자는 학교 시스템에 책임을 묻지요. 다음에 나오는 캐리 곰드버그 이야기를 보세요. 그리고 133쪽에서 또래 학대에 대한 더 많은 정보를 보도록 합시다.

범죄에는 대부분 공소 시효가 있습니다. 특정한 시간이 지나면 가해자일지라도 처벌받지 않는다는 뜻입니다. 우리나라의 경우 아동 학대의 공소 시효는 아동학대범죄의 처벌 등에 관한 특례법에 따라 피해 아동이 성년이 되기 전까지 공소 시효가 정지되었다가, 피해 아동이 성년이 되는 해의 1월 1일부터 7년간입니다.

── 실화(real story) ──
캐리 골드버그 이야기

여기 또래들 사이에서 일어난 성 학대와 관련한 실제 법정 소송 사례 두 개를 소개하겠습니다.

뉴욕에서 몇몇 남자아이들이 지적 장애가 있는 여자아이를 강제로 학교 층계참으로 몰아넣고 오럴 섹스를 강요했습니다. 그 여학생은 학교에 그 사실을 알렸어요. 그런데 학교에서는 그 여학생의 행동이 동의에 의한 것이라고 결론지었어요. 그러고는 학교에서 성행위를 했다는 이유로 그 여학생에게 정학 처분을 내렸습니다. 여학생은 변호사를 선임해 학교를 고소했어요. 사건이 재판까지 가지는 않았지만, 여학생은 해당 교육청으로부터 95만 달러를 보상금으로 받았습니다. 남자아이 한 명은 성폭력 및 비행으로 기소되었습니다.

이 사건의 피해자를 변호했던 캐리 골드버그 변호사는 또 다른 사건을 맡아 싸웠어요. 같은 반 친구가 열세 살짜리 여자아이를 뒷골목에서 강간한 사건이었어요. 가해자는 그걸 영상으로 찍어 학교에 뿌렸습니다. 그 일로 피해자는 학교에서 괴롭힘을 당하고 조롱거리가 되었습니다. 학교 상담사는 그 여학생에게 빨리 잊고 자신의 인생을 살며 앞으로 나아가라고 했어요. 학교 관계자들은 당분간 학교를 떠나 있으라고 했지요. 그 여자아이의 존재가 상황을 악화시키고 있다는 이유에서였어요. 그래서 이 학생은 네 달 동안 학교에 가지 않았습니다. 그런데 이 학생이 학교에 다시 돌아가려 했을 때, 그 영상이 '동의에 의한 것처럼 보인다.'는 말을 들었어요. 또한 가해자는 자신의 명성이 피해를 봤다며 경찰에 불평했죠. 이 끔찍한 대우 때문에, 그 여학생은 교육 당국을 고소했습니다.

골드버그는 또래 가해자를 기소하는 일은 무척이나 어렵다고 말했습니다.

두 번째 사례에서, 학교는 가해자를 정학 또는 퇴학시켰어야 했어요. 하지만 가해자는 미성년자로 개인 정보 보호법의 보호를 받았기에 골드버그는 강간범에게 어떤 일이 있었는지 알지 못했어요. 피해자 또한 마찬가지였어요.

첫 번째 사례의 경우, 여러분은 피해자가 정의에 가깝게 다가갔다고 주장할 수 있습니다. 그 여학생은 보상금을 받았으니까요. 그리고 남자아이 중 한 명은 범죄 혐의로 기소되었습니다. 다른 남자아이들은 학교에서 제적당하거나 정학 처분을 받았을 것이지만, 우리는 알지 못합니다.

두 번째 사례가 정의롭게 해결되었는지는 아직 알지 못합니다.

그 어떤 법정 다툼도 과거에 일어난 일 또는 피해자의 삶에서 빼앗아 간 수년의 세월로 인한 피해를 없앨 수 없어요. 평범한 아이들처럼 배우며 지내야 하는 시기에 피해자들은 '외상 후 스트레스 장애'로 고통을 받았습니다. 피해자들이 스스로 이런 결과를 가져올 만한 일을 저지른 게 아니었어요. 그리고 강간범 대부분은 죗값을 제대로 치르지도 않았습니다.

이 두 가지 사례에서 여학생들은 정의의 보상을 받을 자격이 있습니다. 하지만 이런 절차가 피해자의 고통을 없애 주거나 피해자가 원하는 걸 모두 얻게 해 줄 수는 없습니다.

18단계. 접근 금지 명령을 요청한다

만약 가해자가 기소되었다면, 여러분은 가해자에 대해 접근 금지 명령을 요청할 수 있습니다. 접근 금지 명령은 상황에 따라 가해자가 여러분, 여러분의 가족 또는 학교 근처에 오지 못하도록 해 줄 겁니다. 만약 가해자가 접근 금지 명령을 어기면, 법을 어긴 것이기에 체포될 수 있습니다.

19단계. 어른들에게 복잡한 일을 맡기고 일상생활을 되찾도록 애쓰자

일단 사실을 있는 대로 말했다면, 여러분의 책임은 기본적으로 끝났습니다. 여러분은 사실에 대해 몇 차례 더 질문을 받을 거예요. 하지만 이것 말고 더 이상 할 건 없습니다. 사건은 전문가들의 손에 넘어갔습니다. 그렇다 해도 보복에 대한 경계심을 늦추지는 말아야 합니다.

상황이 어느 정도 진정이 되어도 피해자에게 좌절과 두려움이 찾아올 수도 있습니다. 일은 더디게 진행됩니다. 원하는 결과를 재빨리 얻지 못할 수도 있습니다. 모든 게 여러분이 어쩌지 못하는 곳에서 돌아가고 있습니다. 여러분과 가해자 사이에 일어난 일로 시작된 것이 학교 당국, 변호사, 의사, 사회 복지사 등이 관여하는 일로 커졌습니다. 당장 법정에 서야 할지도 몰라요. 물론 법정에 가지 않을 수도 있습니다. 수많은 법과 시스템, 사람들이 여러분이 생각하지 못할 정도로 밀접하게 연관됩니다.

이제부터는 어른들이 여러분을 위해 어떻게 싸우느냐에 달려 있습니다. 직접 해결하려고 들지 마세요. 즉, 가해자와 접촉하지 마세요. 그것은 아무 도움이 되지 않아요. 오히려 여러분에게 더 큰 상처를 가져다줄 수도 있습니다.

절차에 따르는 것은 무척 중요합니다. 그래야만 정의와 보호와 돌봄을 얻을 수 있습니다.

그러려면 엄청난 자제력이 필요합니다. 어쩌면 그 상황에 대해 친구들과 또는 소셜미디어에서 많이 논의하지 말라고 할지도 몰라요. 가해자와 접촉하지 못하게 할 겁니다. 가해자 또한 마찬가지일 거예요. 이 모든 게 끔찍하고 힘들게 느껴지겠죠. 하지만 이런 조치는 여러분과 여러분의 소송을 안전하게 보호하려는 데에서 나온 거예요. 만약 소송을 결정했다면 말이에요.

사건을 해결하려는 어른들은 여러분이 평범한 삶을 회복하도록 노력하기를 바라며 맡은 일을 해 줄 거예요.

━//━ 실화(real story) ━//━
지아나와 덴쉬 선생님의 이야기 ②

여러분은 지아나와 덴쉬 선생님의 이야기를 48쪽에서 읽었습니다. 그 다음에 어떤 일이 있었는지 들려주겠습니다.

지아나와 친구들은 교장실로 곧장 달려가 덴쉬 선생님의 행동에 대해 교장 선생님에게 말했습니다. 아이들은 모두 블레이스 교장 선생님을 좋아하고 신뢰했어요.

다섯 명의 아이들이 교장 선생님 맞은편에 앉아 그동안의 일들을 말하기 시작했어요. 생리와 화장실 관련된 일, 곁에 너무 바짝 붙어 서 있던 일, 최근의 엄격한 행동, 팔을 잡아당기는 행동, 그 밖에 여러 가지 일도 이야기했어요. 예를 들어, 지아나의 친구 중 한 명은 덴쉬 선생님의 셔츠가 늘 지저분하고 냄새가 났다고 말했어요.

교장 선생님이 감당하기에는 너무 벅찼어요. 아이들은 너무 흥분해 있었어요. 교장 선생님은 아이들에게 말했어요.

"실제로 소송을 제기할 수 있는 일인지, 그냥 불만을 표출하는 것인지 이야기해 보자."

교장 선생님은 아이들이 말한 내용에 대해 하나씩 살펴봤어요. 예를 들어, 지저분한 셔츠는 중요한 게 아니었어요. 하지만 생리와 화장실 문제는 괜찮지 않았습니다.

지아나는 덴쉬 선생님과 교장 선생님을 포함해 모두 다 함께 둘러앉아 이야기해 보면 어떻겠느냐고 물었어요. 교장 선생님은 좋은 아이디어지만 그것은 규칙을 위반하는 것이라고 말했어요. 교장 선생님에게는 법적인 문제가 될 만한 행동에 대해 교육 당국에 보고할 의무가 있습니다. 교장 선생님은 생리와 화장실 문제가 명확한 희롱인지 분명하지 않기 때문에 이 문제를 어떻게 범주화할지 확신이 없지만, 교육부에 보고해야 한다고 했습니다.

지아나는 불만스러웠어요. 덴쉬 선생님을 곤경에 빠트리려던 것은 아니었어요. 괜히 일을 크게 만든 것이 아닌지 후회가 되기 시작했어요. 지아나와 친구들이 감정적으로 행동한 것 같았지요. 지금 교육 당국이 개입한다고? 그건 너무 불편했어요. 교장 선생님이 덴쉬 선생님과의 문제를 해결해 주고 모든 게 제대로 돌아가게 할 수는 없을까요?

하지만 상황은 지아나의 생각대로 돌아가지 않았습니다.

교장 선생님은 모든 여학생 부모님들과 개별적으로 이 문제를 논의했습니다. 여학생들은 학교에서는 그 문제를 언급하지 말라는 말을 들었지만, 모든 학생들이 즉각 알게 되었어요. 그후로도 지아나는 몇 달 동안 더 덴쉬 선생님의 수업을 들었어요. 정말 어색하고 불편했어요. 덴쉬 선생님은 더 이상 까다롭게 굴지 않았습니다. 또한 아이들과 가깝게 지내려고 하지 않았어요.

교장 선생님은 교육 당국이 조사에 착수했다는 사실을 부모들에게 알렸습니다. 몇 달 뒤, 교육 당국에서 지아나를 불러 덴쉬 선생님의 구체적인 행동에 대해 꼬치꼬치 캐물었어요. 지아나는 여전히 그 문제에 대해 이야기해야 한다는 게 괴로웠어요.

그리고 나서 1년이 지났습니다. 지아나는 그 일이 정확히 어떻게 처리되었는지 아직도 알지 못했어요. 덴쉬 선생님은 여전히 학교에서 아이들을 가르쳤지만, 지아나는 더 이상 그 수업을 듣지 않았어요. 지아나는 복도에서 덴쉬 선생님을 마주칠 때면 손을 들어 인사했고, 선생님도 손을 들어 인사했어요.

그렇다면 그럴 만한 가치가 있었을까요? 그럴 수도 있고 아닐 수도 있습니다. 덴쉬 선생님은 정말 이상하게 행동했었어요. 지아나는 더 이상 덴쉬 선생님의 수업 시간이 편안하지 않았습니다. 뭔가를 해야 했어요. 만약 지아나가 하지 않았다면, 누군가가 했어야 해요. 지아나는 여전히 자신과 친구들이 그렇게 감정적으로 나서지 않았다면 어땠을까 후회했어요. 교장실에 몰려가 이야기할 때 좀 더 객관적이고 논리적으로 이야기했다면 어땠을까 하는 생각이 들었어요. 지아나는 자신이 나섰던 방식이 잘못되었다고 느꼈어요. 그때 그냥 교장 선생님, 덴쉬 선생님과 함께 앉아

이야기를 나눌 수 있었으면 좋았을 거라는 미련이 남아 있습니다.

　우리는 명확하게 정리된 결말을 바랍니다.

　이 이야기는 그와 반대로 명확한 결론에 이르지 못하는 이유를 보여 주는 생생한 사례라 할 수 있습니다. 우리는 보고가 이루어졌고, 조사가 시작되었으며, 교장 선생님은 절차에 따랐다는 것도 압니다. 또한 덴쉬 선생님의 행동이 학교 시스템에 의해 쉽게 규정되지 않았다는 것도 알아요. 그건 범죄 행위는 아니었어요.

　덴쉬 선생님과 마주 앉아 문제를 논의하는 게 지아나에게는 더 나은 방법처럼 느껴질지 모르겠습니다. 하지만 그렇게 했다면 규칙 위반에 해당됩니다. 교사와 학생 사이에 부적절한 행동이 보고되면, 그건 무척 심각한 문제로 간주됩니다. 학교 당국은 이 문제로 소송을 당할 수도 있습니다. 교사는 해고될 수도 있으며 학생들은 트라우마를 겪습니다. 학생들과 덴쉬 선생님 사이의 부적절하고 비공식적인 대화는 문제를 더욱 악화시킬 수도 있습니다. 실망스럽기는 하겠지만, 책임과 보고에 있어 엄격하고 따분하고 관료적인 시스템이 존재하는 데에는 나름대로 이유가 있습니다.

　만약 덴쉬 선생님의 행동이 보다 더 심각했다면(이를테면, 폭력이나 희롱), 지아나는 보다 더 빠르고 선명한 결론을 얻게 될 수도 있었을 겁니다. 만약 여학생들이 그 문제를 포기하지 않고 지속적으로 밀어붙였다면, 지아나는 더 많은 정보를 얻었을지도 몰라요. 하지만 이것은 모두 추론에 불과합니다.

　큰 문제는 사라진 것처럼 보였습니다. 어른들이 문제를 다루었고, 지아나와 친구들은 그 문제를 말하는 것 말고는 그 어떤 부담도 지지 않았습니다. 또는 그 일이 처리되는 과정에 관여하지 않았습니다. 한동안 어색

했지만, 지아나는 이제 안전하고 행복한 학교 환경에 놓여 있습니다. 교장 선생님은 지아나가 이런 환경에서 학교에 다니는 걸 원했어요.

20단계. 친구들에게 알리고 싶다면 말해도 좋다

직접 목격하지 않는 이상 친구들은 여러분이 학대를 당했다는 사실을 모를 거예요. 여러분의 이마에 학대받았다고 적혀 있는 게 아니니까요. 만약 친구들에게 알리고 싶다면 말해도 좋습니다. 하지만 반드시 그래야 하는 건 아닙니다.

친구한테 말할 때는 여러분이 비밀을 솔직하게 털어놓았다는 걸 분명히 해야 합니다. 어떤 친구한테 말할지도 신중하게 결정해야 해요. 때로는 가장 믿음이 가는 친구가 일을 망쳐 놓기도 합니다. 중학생 아이들이 비밀을 유지하는 건 무척 힘들어요. 그러니 친구들한테 말할 때는 위험을 감수해야 합니다. 또한 친구들이 모두 바른말만 할 거라 기대하지 마세요. 친구들은 아직 어리고 피해자와 연대하는 경험이 부족할 수도 있습니다.

젠더 정체성 모두에 적용됩니다.

이 내용은 모두 여자들뿐만 아니라 남자, 또는 성 정체성이 다른 사람들에게 적용됩니다. 남자아이들은 특히 자신의 감정에 대해 허심탄회하게 이야기할 수 없다거나 학대 사실을 알릴 수 없다고 느낄지도 모릅니다. 그런 행동이 남자답지 못하다고 여겨지기 때문이에요. 하지만 만약 도움을 청하지 않거나 문제를 드러내지 않는다면, 남자아이들도 여자아이와 똑같은 결과를 초래할 수 있습니다.

(3) 그 이후에는?

가해자는 어떻게 될까요?

기소된 가해자에게 미치는 결과는 무척 다양합니다. 그러니 한 가지 결과 또는 경로에만 집착하지 않아야 해요. 예를 들어 가해자가 모두 감옥에 가는 건 아닙니다. 아래의 내용이 아주 일반적이고 개략적인 개요입니다.

① 만약 가해자가 성인이라면……

학대의 특징, 범죄를 저지른 사람의 신분, 범죄를 저지른 장소에 따라 그 결과가 달라집니다.

몇몇 사건의 경우는 127쪽 지아나 이야기처럼, 학교가 그 문제를 처리합니다. 법률적 강제는 포함되지 않아요. 가해자는 특정 교육이나 치료를 받아야 할지도 모릅니다. 또한 가해자는 직장을 잃거나 교사직을 박탈당할 수도 있습니다.

가해자가 아동 성 학대로 기소되거나 유죄 판결을 받으면, 그 사람은 법에 따라 벌금을 받거나 감옥에 갈 수도 있습니다. 만약 가중 처벌에 해당하는 범죄를 저질렀다면 처벌은 훨씬 무거울 거예요. 가해자가 폭력 또는 위협을 사용했을 경우, 심각한 신체적 피해 또는 죽음을 초래했을 경우, 또는 아동을 납치했을 경우 등이 여기에 해당합니다.

성범죄자 알림e 홈페이지에 들어가면 지도와 조건 검색으로 성범죄자를 조회할 수 있습니다. 성범죄자의 정보를 공개하는 이유는 공공의 안전을 위해서입니다. 또한 그곳에 신상이 공개된 사람들에 대한 처벌이기도 해요.

만약 가해자가 자녀들 또는 자신이 돌보아야 할 사람에게 범행을 저질렀다면, 사회 복지 기관은 피해자들을 친척 집 또는 아이들을 위한 쉼터 등 안전한 곳에서 보호받도록 조치합니다.

② 만약 가해자가 또래 학생이라면……

학대가 심각한 수준의 범죄가 아니라면, 또래의 학대는 보통 피해자의 가족과 학교 사이에서 처리됩니다.

다양한 경로로 신고된 사안은 학교 폭력 전담 기구에 접수되고, 접수 사실이 신고자와 보호자, 담임 교사, 학교장에게 전해집니다. 학교 폭력 전담 기구에 접수된 사건은 교육청에 보고되고, 학교는 수사 기관에 신고 후 절차 과정을 보호자에게 알려야 합니다.

가해 학생은 학교 내 봉사나 사회봉사에 처하거나, 특별 교육 및 심리 치료를 받아야 하고, 출석 정지, 학급 교체 등의 처분을 받게 됩니다. 전학, 퇴학 등은 마지막 조치로 고려됩니다. 그 학생에게도 교육을 받을 권리가 있기 때문이에요.

하지만 만약 가해자가 또래에게 심각한 공격을 했다면, 그 가해 학생은 범죄 혐의로 기소될 것입니다. 소년법에 따라 법정 또는 감옥에 갈 수도 있습니다.

③ 만약 가해자가 형제자매라면……

형제자매가 저지르는 학대는 아동 학대보다 흔하게 일어나지만 심각하게 받아들여지지 않습니다. 때때로 부모들은 학대를 형제자매 간의 경쟁으로 치부해 버리지요.

하지만 일단 여러분이 부모 또는 믿을 만한 어른에게 형제자매가 학대하고 있다고 말했다면, 그 사람들은 즉각 개입해서 보다 나은 경계선을 설정하고 잘못된 행동을 차단해야 합니다. 만약 그렇게 했는데도 해결되지 않으면, 가족은 전문가의 도움을 받아야 합니다. 학대가 심각하다면, 안전을 위해 가해자를 집에서 멀리 떼어 놓아야 합니다.

④ 만약 가해자가 기소되지 않거나 유죄 판결을 받지 않는다면⋯⋯

여러분에게는 민사 소송을 제기하거나 가해자를 고소할 권리가 있습니다. 그러면 법원은 가해자의 범죄 혐의가 유죄인지를 결정하는 게 아니라, 가해자가 피해자에게 가한 정서적 고통 또는 폭행에 대한 대가를 치르라고 명령할 거예요.

오해의 소지가 있는 경우, 여러분은 사과를 받을 수도 있습니다. 또는 가해자의 행동이 달라질 수도 있습니다. 127쪽 지아나와 덴쉬 선생님의 경우처럼 마무리될 수도 있습니다. 하지만 가해자에게 아무것도 기대하지 마세요.

어린 시절에 가해를 저지른 사람들은 나이가 들며 그런 행동에 더 이상 흥미를 느끼지 않기도 해요. 예를 들어, '최고의 엉덩이'와 '최악의 엉덩이'라고 떠들어 대던 아이는 성인이 되어서는 그런 짓을 안 할지도 몰라요. 그런 행동이 멍청하고 누군가에게 상처를 준다는 사실을 깨달았기 때문이에요. 이것은 자연스러운 성숙의 과정이라 할 수 있습니다.

정도가 심한 어린 가해자들은 어쩌면 더 많은 개입과 돌봄이 필요할지도 몰라요. 하지만 이들도 달라질 수 있습니다. 학대를 저질렀을 때는 자신이 다른 사람들에게 저지르는 행동이 불러올 피해를 신경 쓸 두뇌의 화학 작용 또는 도구가 생성되지 않았을 수도 있어요. 물론 그렇다고 이것이 괴롭힘이나 학대의 변명이 될 수는 없어요. 하지만 나중에 더 이상 가해를 일삼지 않는 사람이 될 가능성은 얼마든지 있습니다.

하지만 일상적으로 타인을 학대하는 사람은, 특히 성인들은 이미 결함이 있는 경우가 흔합니다. 이런 사람들은 감정 이입 또는 양심의 가책을 느끼지 못하는 경우가 많아요. 자신의 잘못된 행동을 인정하지 않고 일단 기소를 당하면 피해자를 공격하거나 또는 자신이 피해자인 척 행동하기 일쑤예요. 피해자들을 진심으로 걱정하지 않습니다. 피해자들을 이용할 뿐이에요. 일단 피해자가 학대 사실을 알리면, 피해자는 더 이상 가해자에게 쓸모가 없어요. 그래서 가해자는 그 상황에서 빠져나가기 위해 무슨 말이든 해 댈 거예요.

열일곱 살 로렌의 경우(87쪽), 로렌을 지속적으로 학대했던 보모는 자신이 로렌을 사랑했으며 그 어떤 것도 강요한 적이 없다고 경찰에 거짓말했습니다. 왈디나는 감옥에서 로렌에게 사랑의 쪽지를 써 보냈어요. 그러면서 은밀하게 돈을 요구했어요. 왜냐하면 로렌의 아버지는 부유했으니까요. 그 편지 때문에 자신이 문제에 빠지자 왈디나는 감옥에 있으면서도 로렌과 로렌의 남동생을 납치해 몸값을 요구할 계획까지 세웠어요. 다행스럽게도 그 시도는 성공하지 못했습니다. 로렌을 사랑했다고 말하고, 그토록 오랫동안 로렌을 고문하고 강간한 뒤, 왈디나는 은밀하게 로렌 아버지의 돈을 노렸던 거예요.

다행히 대부분의 경찰은 이런 유형의 행동을 꿰뚫고 있습니다. 하지만 피해자는 어떤 점에서는 가해자에게 여전히 감정적으로 휘둘리며 끌려다니고 있을 수도 있어요. 피해자들은 가해자의 사과와 사건의 마무리 또는 인간적인 유대를 희망할지도 몰라요. 가해자들이 여전히 피해자들을 속이고 이용하려고 할 때 피해자의 상처는 더욱 커집니다. 불행하게도, 대부분의 가해자는 그렇습니다. 그렇기에 피해사는 가해자한테 어떤 긍정적인 기대도 하지 말고 거리를 두어야 합니다. 그리고 가족과 사랑하는 사람들의 응원과 지지 속에서 전문가의 도움을 받아 상처를 치료해야 합니다.

(4) 어른들이 실패할 때

이상적인 세상이라면 어른들은 모든 걸 올바로 처리할 것입니다. 부모님은 자녀를 믿고, 선생님은 학생을 믿고요. 어른들은 적절한 절차에 따라 피해자에게 필요한 지원을 기꺼이 제공합니다. 가해자는 자신이 저지른 행위에 대한 마땅한 대가를 받습니다. 어쩌면 사과를 할지도 모르죠. 영화에서처럼 이 모든 것이 깔끔하게 마무리됩니다.

하지만 때때로 자신의 신념이나 무지에 갇혀 자기 자녀들을 포함해, 학대당한 아이들에게 필요한 지원을 제대로 제공해 주지 못하는 어른들도 있습니다.

① 문화적 차이

어떤 가족의 경우는 문화적 또는 종교적 이유 때문에 가족 안에서조차 피해자를 보호하지 않습니다. 이런 상황에서는 피해자가 오히려 비난을 받기도 해요. 또는 관계 당국이 전혀 관심을 보이지 않을 수도 있습니다. 예를 들어, 신앙심 깊은 어떤 가족은 자녀의 순결을 중요하게 생각해서 강간을 세상 사람들에게 알리고 싶어 하지 않아요. 또는 피해 아동에게 화를 내지요.

어른이라면 이렇게 반응해서는 안 됩니다. 이런 반응은 피해자의 치료와 복지에 전혀 도움이 되지 않습니다. 피해자를 탓하거나 수치심을 느끼게 하는 것은 옳지 않은 태도입니다.

만약 이렇게 피해자를 탓하는 가정이나 문화권에 산다면, 여러분이 직접 그 사람들의 생각을 바꿀 수 없을지도 모릅니다. 그렇다면 그 공동체 밖에서 도움을 받는 방법을 찾아야 할 거예요. 적어도 여러분의 소속 공동체가 그것을 방해하지 못하게 해야 합니다.

실화(real story)
찬드라의 이야기

인도 소녀 찬드라는 3년 동안 삼촌에게 성 학대를 당했습니다. 찬드라가 자는 사이 삼촌은 찬드라의 몸을 만지고, 샤워를 하는 동안 몰래 엿보고, 자기 무릎에 앉으라고 강요했어요. 찬드라가 열 살 때부터 삼촌은 찬드라를 지속적으로 괴롭혔습니다.

그러던 중 찬드라는 성 학대에 대한 신문 기사를 읽었어요. 성 학대라는 말을 그때 처음 알게 되었지요. 찬드라는 용기를 내어 부모님에게 사실을 있는 그대로 이야기했습니다.

찬드라의 이야기를 듣고, 부모님은 삼촌한테 다시는 신체 접촉을 하지 말라고 단단히 당부했습니다. 하지만 부모님, 특히 아버지는, 그 문제를 아무에게도 알리지 못하게 했어요. 엄마는 이의를 제기했지만 찬드라의 집안에서는 남자들이 언제나 최종 결정을 내렸습니다.

삼촌은 마치 아무 일도 일어나지 않은 것처럼 가족 안에서 그대로 권리와 권위를 누리며 지냈어요. 찬드라는 이 일로 오랫동안 부모님한테 화가 났어요.

찬드라가 누군가에게 도움을 청하는 건 금기시되었어요. 그래서 찬드라는 아무런 도움을 받지 못했습니다. 그렇게 시간이 흘렀고, 찬드라는 결혼을 했습니다. 그런데 제대로 처리되지 못한 트라우마가 남편과의 관계에 영향을 미치기 시작했어요.

  찬드라의 부모가 완벽하게 잘못했다고 말하기는 쉽지 않아요. 이런 일
이 일어났을 때 인도 문화에서는 남자들이 최종 결정을 내렸습니다. 치료
를 받는다는 건 눈살을 찌푸리게 하는 행위로 여겨졌고, 성 학대는 전혀
입 밖에 꺼낼 수도 없는 상황이지요. 이런 문화권에 살지 않는 사람은 이
런 상황을 이해할 수 없을 거예요. 하지만 가족의 명예를 지키기 위해, 찬
드라의 부모는 자신들이 당연히 해야 한다고 생각하는 일을 했습니다. 찬
드라는 부모님의 마음을 바꿀 수 없었어요.

  만약 찬드라가 신문 이외에 도움을 줄 사람이나 필요한 지식을 알고 있
었다면 얼마나 좋았을까요? 이를테면 허심탄회하게 이야기할 수 있는 또
다른 어른, 핫라인 상담 전화, 또는 이 주제에 대해 정보를 줄 수 있는 더
많은 책…….

  우리 대부분은 이런 자료를 손에 넣을 수 있습니다. 여러분이 가족과
얼마나 친밀하게 지내고 있든 상관없이 외부의 도움도 언제든 이용할 수
있지요.

  ② **집단에서의 학대**
  여러분이 사이비 종교 집단에 속해 있거나 성 학대가 빈번하게 일어
나는 소년원 또는 기숙 학교에 있다면 매우 힘들 거예요.
  아이들이 이 세상과 고립되어 있을 때 성범죄자가 성 학대와 세뇌를
저지르고, 피해자는 상습적인 비난에 시달릴 가능성이 커집니다. 이런
환경에서는 성범죄자가 잘못을 저지르고도 걸리지 않고 은근슬쩍 빠져
나갈 수 있습니다.

사이비 교단의 경우, 지도자는 종종 신성한 일이라며 어른들을 고립된 장소로 유도합니다. 그런 경우 그 자녀들 또한 지시에 따라야 합니다. 그루밍(61쪽)에 대해 기억하나요? 그루밍과 비슷합니다. 단, 한 명이 아닌 대규모 집단을 그루밍한다는 점에서만 다를 뿐입니다.

사이비 교단에서는 아동에 대한 성 학대가 빈번하게 일어날 수 있습니다. 또는 그런 행위가 규칙의 일부가 될 수도 있습니다. 예를 들어, '신의 아이들'과 '근본주의 예수 그리스도 후기 성도 교회(모르몬교)'의 경우, 한때는 유명한 소아 성애자들이 운영했습니다. 그 사람들은 수많은 아이를 학대했어요. 그러면서 자신의 행동을 교리로 정당화했습니다.

사람들은 이런 사이비 교단에 대한 이야기를 자주 듣습니다. 너무나 극단적이어서 언론의 엄청난 조명을 받기 때문이에요. 하지만 사이비 교단 내에서의 학대 행위는 매우 고립된 사건들입니다. 아이들은 어떤 기관에서든 성 학대에 취약해요. 그것이 종교 기관이든(바티칸 교황청은 가톨릭교회에서 2천 건 이상의 성 학대 사례를 보고받았습니다.) 감옥이든(어떤 아이들은 성인들과 함께 수감되어 있습니다. 그곳에서 아이들은 학대에 매우 취약합니다.) 학교든 마찬가지입니다.

물론, 모든 교회와 학교가 그렇다는 건 아닙니다. 하지만 학대 가능성에 대한 경계심을 늦추지 않고, 학대가 일어나지 않게 노력하는 책임자의 자세가 중요하지요. 부모님이나 보호자와 떨어져 지내는 상황에서 기관의 책임자가 신경 쓰지 않는다면, 아이들은 그 누구보다 취약할 수 있습니다.

이런 기관 안에서 일어나는 학대 사실을 어린이가 직접 알리고 도움을 받는 건 기대하기 어렵습니다. 학대 사실을 일리는 것은 안전하지도, 가능하지도 않습니다. 사이비 교단에서 탈출해서 그곳에서 일어난 일을 경찰에 알리는 것은 쉽지 않아요. 아이가 그 부담과 책임을 지게 해서는 안 됩니다.

그런데 이런 일이 실제로 일어났습니다. 열다섯 살 소녀 베리티 카터는 네 살 때부터 '신의 아이들' 교단에서 학대를 받아 오다 탈출했어요. 하지만 그건 정말이지 기적과도 같은 일이었어요. 이런 기관의 사례들에서 어른들은 아이들을 보호하고 돕기 위해 개입해야 합니다.

③ 사법 정의 추구가 실패할 때

사법 정의가 제대로 작동할 때도 있습니다. 미국의 유명 코미디언 빌 코스비는 여성들에게 마약을 먹이고 강간한 혐의로 감옥에 갔습니다. 곳곳의 가톨릭 사제들이 아동 학대 혐의로 체포되고, 교회는 사과문을 공표했습니다. 미국의 유명 가수 R.켈리는 10대 소녀들을 성폭력했고 결국 성범죄 혐의로 기소되었습니다.

하지만 사법 제도는 여전히 결함이 있고, 불완전하고, 때로는 그다지 완벽하게 정의롭지도 못합니다. 2016년에 판사 한 명이 스탠퍼드대학교의 유명 수영 선수 브록 터너에게 6개월의 실형을 선고했어요. 의식을 잃은 여성을 강간한 혐의였지만, 단 3개월을 복역한 뒤 석방되었습니다.

또한 엠버 와이어트의 끔찍한 사례도 있습니다. 여러분은 97쪽에서 그 사건에 대해 읽었어요. 와이어트는 축구 선수 두 명에게 잔인하게 강간당했다는 사실을 경찰에 알렸어요. 물적 증거도 분명히 있었어요. 하지만 지역 공동체에서 오히려 그 소년들을 보호하는 바람에 조사조차 이루어지지 않았습니다. 설상가상, 와이어트는 그 소년들을 고소했다는 이유로 학교 친구들에게 괴롭힘을 당했어요.

이처럼 우리를 우울하게 만드는 사례는 넘쳐 납니다. 이 모든 것이 사법 제도가 완벽하지 않다는 걸 보여 줍니다. 또한 우리의 사고방식이 잘못되었다는 것을 가리키기도 합니다.

다음 경우에서 우리는 불완전한 사법 제도와 사람들의 잘못된 사고방식을 확인할 수 있습니다.

– 학교는 피해자보다 학교의 명성을 더 많이 신경 쓴다. 피해 학생을 돕기보다는 가해자들을 보호하려 한다.

– 학교, 병원, 경찰서 등에서 무자격자 또는 제대로 훈련받지 못한 사람들이 피해자를 심문한다.(아동 학대 피해자를 다루는 데 필요한 훈련을 받아야 하지만 모두 제대로 알고 실천하는 건 아니다.)

– 작은 동네에 사는 경우 동네 사람들이 가해자들을 보호한다. 이를테면 지역의 고등학교 축구 스타 또는 유명 인사들의 말을 더 신뢰한다.

– 대도시에 사는 경우 여러분의 사건은 수북이 쌓인 엄청난 사건 서류 바닥에 놓여 있어 별다른 관심을 받지 못한다.

– 학대 피해자들에게 학대당할 만한 이유가 있었다거나, 피해자들의 안전은 스스로 지켜야 한다거나, 피해자들이 거짓말을 하고 있다고 믿는 판사, 배심원 또는 마을 사람들을 마주한다.

– 사법 정의를 얻기 위해서는 돈이나 연줄이 있어야 한다.

– 사건을 진행하는 데 무척이나 오랜 시간이 걸린다.

물론 모두가 다 그런 건 아닙니다. 여러분과 여러분이 사랑하는 사람들이 이런 상황을 겪지 않기를 바랍니다. 만약 이런 불합리하고 말도 안 되는 사례에 화가 난다면, 여러분은 혼자가 아니라는 사실을 알아 두세요. 6장에서 무너진 시스템을 변화시킬 방법과 여러분이 어떻게 도움을 줄 수 있는지 이야기하겠습니다.

레이디의 이야기 ②

52쪽에서 레이디, 나디아, 미켈의 이야기를 읽었습니다. 여기, 그다음에 벌어진 일을 알려 줄게요.

레이디에게 쏟아진 창녀라는 비난과 괴롭힘은 걷잡을 수 없이 번져 나갔습니다. 그래서 레이디의 엄마, 바브가 나서야 했어요. 엄마는 학교에 찾아가서 담당자와 면담했습니다. 하루빨리 레이디를 향한 괴롭힘을 멈추고 싶었어요. 학교가 개입해서 자기 딸을 도와줄 거라고 조금의 의심도 없었죠.

하지만 엄마가 만난 레이디의 학교 교감 선생님은 끔찍한 사람이었습니다. 교감 선생님은 퉁명스럽고 사고방식이 구닥다리인 데다, 성적 괴롭힘에 대해 아무런 교육도 받지 않은 것처럼 보였습니다. 교감 선생님은 엄마에게 이렇게 말했어요.

"남자아이들은 다 그렇잖아요."

"여자아이들도 가끔 온라인상에서 다른 사람을 괴롭혀요."

엄마는 교감 선생님에게 당장 조치를 취해 달라고 부탁했습니다. 적어도 괴롭히는 아이들에게 벌을 주고, 그 아이들을 레이디와 다른 반으로 옮겨 달라고 요구했어요. 한편, 엄마는 학생들을 위한 괴롭힘 예방 수업이 있다는 사실을 알게 되었어요.

하지만 그 후로도 몇 주 동안, 교감 선생님은 레이디 엄마가 요구한 것에 대해 아무런 조치도 취하지 않았습니다. 마침내, 엄마는 아이들이 레이디를 창녀라며 괴롭힌 내용의 쪽지를 학교에 제출했어요. 그 밖에도 몇 가지 물적 증거도 함께 제시했습니다.

엄마의 이야기에 따르면, 교감 선생님은 가해 학생들에게 괴롭힘 예방 수업을 하는 대신, 미켈, 나디아, 나디아와 공모한 가해 친구들 그리고 레이디를 다 함께 교감실로 불렀다고 합니다. 그러고는 가해 학생들에게 잘못된 행동에 대해 사과하라고 시켰어요. 레이디는 그 자리가 너무나도 불편했어요. 가해 학생들은 교감 선생님이 그 자리에 있었기에 그저 사과하는 척만 했어요.

그 뒤로 괴롭힘은 더욱 심해졌습니다. 이번에, 학생들은 레이디가 자신들을 일러바쳤다며 보복했어요. 나디아는 여전히 우두머리 행세를 했어요. 그러는 내내 나디아와 레이디는 여전히 같은 교실에서 공부했습니다.

레이디 엄마는 교감 선생님한테 지속적으로 문제를 제기했지만 달라지는 건 아무것도 없었어요.

레이디 엄마는 교육청 감독관에게 이 사실을 알렸습니다. 그러자 이번에는 교장이 화난 목소리로 엄마에게 전화를 걸어 따져 물었어요.

"왜 감독관한테 전화를 걸었나요?"

엄마는 교장 선생님에게 자기 딸에게 어떤 일이 있었는지 이야기했어요. 두 사람은 처음으로 대화를 나눴습니다.

교장 선생님은 전교생에게 성희롱에 대해 훈육하겠다고 약속했습니다.

그런데 훈육 중에 미켈이 자리에서 일어나 전교생이 다 듣는 앞에서 레이디에게 직접 말했어요.

"난 이게 모두 다 거짓말이라고 생각해."

레이디는 엄마한테 그 사실을 말했어요. 엄마는 보복이 더 심해졌다는 사실을 알게 되었습니다.

이제 어쩔 수 없이 레이디가 직접 나섰어요. 레이디는 미켈에게 그만 괴롭히라고, 자신의 사진을 돌려 보지 말라고 간청했어요. 미켈은 400달러를 주면 그렇게 해 주겠다고 대답했어요. 이제 레이디는 엄마의 지갑에서 돈을 훔쳐 미켈에게 주는 지경에 이르렀습니다.

레이디 엄마는 이 사실을 뒤늦게 알아차렸어요. 즉각 경찰에 신고하고 변호사를 고용했어요. 협박은 아주 심각한 범죄였음에도 신고한 지 5일째까지 경찰, 학교, 변호사는 아무 조치도 취하지 않았습니다. 미켈을 심문하지도, 집에 찾아가지도, 그 어떤 조치도 하지 않았어요. 변호사는 문제를 심각하게 인식하지 않았어요. 엄마의 말에 따르면, 변호사는 이번 사건이 성 학대 사건치고는 사소한 건이라고 여기는 것 같다고 했어요. 변호사는 레이디가 유색 인종이기에, 만약 인종 차별의 관점에서 문제를 제기한다면 사건에 훨씬 큰 의미가 있으리라고 말했어요.

엄마는 관계자들이 학교의 명성을 보호하는 데만 급급하다는 의심이 들었어요. 그 학교는 동네의 자랑이었거든요. 그래서 사람들이 아무 조치도 취하지 않는 거라고 추측했지요. 나디아의 부모나 미켈의 부모에 대해서는 아무 말도 들은 적이 없었어요. 이 부모들이 지금 어떤 일이 벌어지고 있는지 알고 있는지조차 몰랐어요.

레이디의 자존감은 완전히 바닥을 쳤습니다. 레이디는 평소보다 말수가 더 적어졌어요. 명랑하던 성격도 사라지고 말았습니다. 엄마는 딸을 위해 트라우마 상담사에게 정기적으로 집에 와 달라고 했습니다.

한편 괴롭힘은 계속되었습니다. 몇몇 남자아이들은 어느 날 레이디를 학교 구석으로 몰아넣고 가슴을 만졌어요. 레이디는 이 사건을 교장 선생님한테 즉각 알렸어요. 교장 선생님은 레이디를 호의적으로 대했지만, 확증이나 목격자가 없다면 어떤 조치도 취할 수 없다고 말했습니다.

어느 날, 글로리아라는 이름의 감독관이 레이디 엄마를 점심 식사에 초대했어요. 글로리아는 무심한 척 마을에 있는 다른 학교 이야기를 꺼내며,

레이디가 그곳으로 전학을 가면 퍽 만족스러워할 거라는 암시를 줬습니다.

엄마는 그게 전학을 가라는 압력이라는 걸 알아차렸지요. 하지만 딸이 훌륭한 교육을 받기를 원하고, 딸에게는 지금 다니는 학교에서 훌륭한 교육을 받을 자격이 있다고 당당하게 말했어요.

이런 이야기를 읽으면 속이 뒤틀립니다. 모든 차원에서, 학교 시스템과 법은 레이디를 불편하게 했고, 이 모든 실패는 어리석게도 레이디가 직접 가해자를 상대로 나서게 만들었습니다. 그 결과는 끔찍했어요.

교감 선생님이 레이디 엄마의 요구를 거절했을 때부터 학교는 대처에 실패했습니다. 설령 레이디의 사례가 그렇게 큰 문제가 아니라고 생각했을지라도, 교장 선생님은 그걸 교육 당국에 알려야 할 법적 의무가 있었어요.

교장 선생님은 자기보다 높은 사람에게 성적 괴롭힘 사건을 알렸다고 레이디 엄마에게 화를 냈어요. 이것은 교장 선생님이 성희롱 피해자보다 자기 자신과 학교의 명성에 더 신경 쓰고 있다는 걸 여실히 보여 줍니다. 교장 선생님은 가해자 나디아와 미켈의 행동을 규율과 재교육이 절실히 필요한 것으로 보기보다는 피해자 엄마를 골칫거리로 바라봅니다.

변호사는 법으로 보장된 레이디의 권리를 위해 싸우지 않았습니다. 그리고 경찰은 제대로 된 조사도 하지 않았습니다.

감독관 글로리아는 성희롱 문제를 애써 무시했어요. 대신, 레이디에게 학교를 떠날 것을 권고함으로써 실질적으로 괴롭힘의 공범이 되었습니다. 설령 새로운 학교로 전학 가는 게 레이디에게 최선이라 할지라도, 글로리아는 현재 잘못된 학교 분화를 고치는 것에 아무런 개입도 하지 않고 있습니다.

레이디의 시민권은 침해당했습니다. 육체적 학대뿐만 아니라 성 또는 젠더에 기초한 괴롭힘 없이 편안한 교육 환경을 제공하는 데 있어서 학교와 모든 시스템이 무능력했기 때문이에요.

하지만 이 이야기에서 두 가지 일은 적절하게 일어났습니다. 레이디는 어른, 엄마를 믿었어요. 엄마는 늘 레이디를 믿었고요. 그리고 어른이자 부모로서 자신이 지닌 힘을 사용했습니다. 레이디를 위해 싸우고 필요한 절차에 대해 알았습니다. 레이디 또한 상담을 받았어요. 이것은 학대의 특징을 고려할 때 매우 중요합니다. 상담을 받지 않았다면 레이디는 완전히 통제 불능이 되어 길을 잃고 헤맸을지도 몰라요.

지금 이 순간에도 엄마는 딸을 위해 계속해서 싸우고 있습니다. 레이디와 같은 피해를 입은 학부모 모임의 선두에 서서 성적 괴롭힘에 대한 싸움을 도와주고 있습니다. 하지만 엄마는 지금까지의 결과가 만족스럽지 않아요. 엄마가 선택할 수 있는 다른 출구는 새로운 변호사를 선임해 학교를 고소하거나 언론을 끌어들이는 일입니다.

절대 이런 지경까지는 이르러서는 안 됩니다.

5장

연대하기

연대는 학대 피해자의 든든한 버팀목입니다. 연대가 없다면, 피해자들은 필요한 도움을 충분히 받지 못할 수도 있습니다.

누구든 지원군이 되어 줄 수 있습니다. 친구, 교사, 부모, 핫라인 상담 전화의 낯선 사람, 또는 거리에서 학대에 반대하는 캠페인을 벌이는 운동가도 여기에 포함됩니다. 여러분은 이미 연대하고 있습니다. 왜냐하면 이 책을 읽으면서 스스로 연대의 필요성을 깨달아 가고 있으니까요.

연대를 위해 대단한 전문가가 될 필요는 없습니다. 여러분이 세상을 구할 필요도 없어요. 스스로를 불안전한 상황으로 내몰 필요는 더더욱 없어요. 학대 피해자를 개인적으로 알 필요도 없습니다. 연대를 한다는 건 우리가 분명한 태도와 목소리를 갖고 있다는 뜻이에요. 그것은 우리가 언제든 사용할 수 있는 능력이고, 삶의 방식입니다. 그리고 우리는 이 방법을 다른 사람들에게 가르쳐 줄 수도 있습니다.

이 장에서는 연대에 관한 기본 원칙을 다룰 거예요. 여기에는 노골적인 성적 또는 폭력적인 내용이 하나도 없어요. 4장에서처럼, 쉽게 이해할 수 있게 연대하는 사람을 '여러분'이라고 지칭하겠습니다.

(1) 적극적인 실천가 대 비겁한 방관자

학대 상황을 직접 목격하게 되면, 여러분은 두 가지 중 하나를 선택할 수 있습니다. 적극적인 실천가가 되거나 아니면 비겁한 방관자가 되는 거지요. 적극적인 실천가는 상황을 보고 바람직한 것을 위해 일어섭니다. 비겁한 방관자는 상황이 전개되는 걸 그냥 내버려 두거나 심지어 부추기기도 합니다.

누군가 육체적으로 공격당하는 모습을 상상해 봅시다. 행동가는 큰 총을 꺼내 악당과 싸워 문제를 해결합니다. 하지만 이런 장면은 영화를 위해 남겨 둡시다.

여기, 영화보다는 덜 멋지지만 좀 더 실용적이고 실제적이며 적극적인 실천가의 행동 사례를 몇 가지 알려 줄게요.

– 뭔가 나쁜 일이 일어났을 경우, 어른에게 말한다.

– 범죄를 목격했다면, 112에 신고한다.

– 피해자를 매춘부 또는 꽃뱀이라고 욕하거나 비난하는 사람들에게 그런 행동을 즉각 멈추라고 말한다.

– 누군가 불편한 상황을 겪고 있는 걸 목격했다면, 괜찮은지 확인해 본다.

– 친구가 누군가를 불편하게 만드는 모습을 보았다면, 그만두라고 말한다.

– 학대 행위에 가담하지 않는다. 학대 행위를 목격했다면, 그런 행동을 용납하지 못한다는 목소리를 낸다. 예를 들어, 만약 친구가 여러분에게 같은 반 친구의 성적인 사진을 보여 준다면, 그 친구에게 그건 옳지 못하다고 말하고 함께 보지 않는다. 다른 아이들도 여러분을 따라 할 것이다.(또한 피해자에게 무슨 일이 벌어지고 있는지 알려 준다. 그리고

어른에게도 알린다. 미성년자의 나체 사진은 엄연히 불법이다.)

— 목격한 학대 행위를 기록으로 남긴다. 시간, 장소, 구체적 행동 등 증거를 모은다. 그것이 나중에 피해자에게 큰 도움이 될 것이다.

— 피해자가 여러분의 도움을 필요로 한다면 피해자를 위한 목격자로 나서겠다고 자원한다.

— 학대 사건에 대해 함부로 떠들지 않는다.

— 피해자에게 도움이 될 것 같으면, 휴대 전화로 사건을 기록한다. 하지만 피해자의 동의 없이는 인터넷에 관련 내용을 올리지 않는다.

— 피해자의 말에 귀 기울인다.

— 누군가 소셜 미디어 또는 SNS에서 공격당하는 것을 보았다면, 피해자에게 다이렉트 메시지(DM)를 보내 여러분이 그곳에 있었다는 걸 알리고, 도움이 필요하면 말하라고 알려 준다.

— 만약 안전을 확보했다면, 괴롭히는 사람에게 당당하게 맞선다.

확실히 적극적인 실천가는 피해자를 궁지에서 벗어나게 해 주고 끔찍한 공격을 막아 줍니다. 하지만 여러분은 슈퍼맨이 아니에요. 여러분의 안전 역시 무척 중요합니다.

비겁한 방관자는 사건을 목격하고도 어떤 방법으로든 피해자를 돕지 않습니다. 때때로, 공범의 방관자는 사건을 부추길지도 모릅니다. 여기 몇 가지 비겁한 방관자의 전형적인 행동을 소개합니다.

— 학대를 목격하고도 그전에도, 그동안에도, 그 후에도 아무런 조치도 취하지 않는다.

— 학대를 목격하고 웃는다.

— 가해자들의 행동을 칭찬한다.

— 사건에 대해 소곤대거나 주변에 소문을 퍼트린다.

- 온라인이나 오프라인에 피해자에게 해로운 게시물을 올리거나 사진을 공유한다.

- 사건을 비디오로 찍어 피해자의 동의 없이 소셜 미디어 또는 SNS에 올린다.

- 도와줄 생각은 않고 현장을 비디오로 찍는다. 어떤 사람이 육체적 위험에 빠져 있고 도움이 필요한데도 신고하지 않는다.

충격적인 사건을 접하면, 너무 놀라 그 순간 뭘 해야 할지 모를 때가 있습니다. 그 순간에 얼어붙는 대신 다르게 행동했다면, 뭔가 다르게 말했다면 얼마나 좋았을까 하고 후회할 때가 있죠. 하지만 나중에라도 어른한테 말하거나 피해자를 도와줄 수 있어요. 또는 악의적인 소문을 막을 수 있습니다. 우리 모두에게는 적극적인 실천가가 될 책임이 있습니다.

28쪽에서 설명한 힘의 역학 관계에서 지녀야 할 황금률을 명심합시다. 즉, 역학 관계에서 더 힘이 강한 사람은 자신의 힘을 상대적으로 힘이 약한 사람들에게 도움이 되도록 선하게 사용해야 합니다. 학대의 역학 관계에서, 제3자는 피해자보다 더 강한 힘을 지니고 있습니다. 그 힘을 올바로 사용해야 합니다.

(2) 학대 피해를 알아차리는 방법

여러분이 피해자의 학대를 알아차리는 경우는 매우 드물 거예요. 전문가조차 과학적으로 판단하지 못하는 경우가 많으니까요.

아래 내용은 학대로 의심되는 징후들입니다. 하지만 조심해야 해요. 모두 다른 문제의 징후일 수도 있으니까요. 그저 그 사람의 개인 사정과 성장의 자연스러운 징후에 불과할 수도 있어요. 어떤 건 그 사람의 가족이 우울 유전자를 물려받았기 때문일 수도 있고요.(이 경우 역시 검사받고 치료받아야 합니다.) 결론을 지레짐작하지 마세요. 직접 목격하지 않는 한, 또는 믿을 만한 사람이 그 사실을 말해 주지 않는 한, 누군가의 학대 피해 사실을 확실하게 알 수는 없습니다.

- 타박상이나 상처가 계속적으로 생긴다.
- 갑작스럽고 극적으로 행동이 변한다.
- 몸을 칼이나 펜 등으로 자해하거나 위험한 행동을 한다.
- 잠을 잘 자지 못한다.
- 반사회적이 되거나 평소와 달리 소극적으로 변한다.
- 행동이 굼떠지거나 뭔가 숨기는 것처럼 보인다.
- 분노, 눈물, 슬픔 등 평소답지 않게 기분이 급격히 변한다.
- 음식을 먹지 않거나 평소보다 더 많이 먹는다.
- 누군가와 단둘이 남는 것을 두려워한다.
- 누군가 자기 몸에 손대는 것을 두려워한다.
- 학업 태도와 성적이 급격하게 변했다.
- 갑작스럽게 어리광을 부리거나 유치한 행동을 한다.
- 별다른 이유 없이 특정 장소 또는 특정한 개성을 지닌 사람을 두려워한다.
- 약물을 남용한다.
- 게으르다.
- 친구, 장난감 또는 반려동물과 지속적으로 애무를 하거나 성적인 놀이를 한다.
- 성적 내용이 포함된 그림을 자주 그린다.
- 악몽에 시달리거나 무언가에 집착하는 등 심각한 불안 증세를 보

인다.

　- 우울 증세를 보인다. 여기에는 현실 도피, 낮은 자존감, 자살을 생각하거나 시도하는 것, 또는 자주 우는 것이 포함된다.

　- 인간의 성에 대한 유별나고 부적절한 질문을 계속한다.

만약 학대를 당한 피해자와 함께 있다면, 피해자에게 눈길을 떼지 말고 잘 관찰해야 해요. 피해자들은 이따금 자학적으로 행동하기 쉽습니다. 손목을 칼로 베거나, 술을 마시거나, 나쁜 인간관계에 빠져들거나, 문제를 일으키거나, 수업에 빠지기도 합니다. 만약 극단적인 행동을 목격한다면, 어른에게 재빨리 알리세요. 피해자를 도와주기 위해 하는 행동은 고자질이 아닙니다.

(3) 믿어 주고 귀담아들어 주자

학대의 피해자들은 자기 말을 믿어 주고 귀담아들어 주는 사람이 필요합니다.

만약 친구가 학대당했다는 사실을 여러분에게 말한다면, 그 친구는 여러분을 믿고 있다는 뜻입니다. 말을 꺼내기까지 엄청난 용기가 필요했을 겁니다. 그리고 그 친구에게 여러분은 믿음직하고, 주의 깊고, 친절한 사람일 거예요. 친구의 말에 충격을 받았을지라도 마음을 다잡고 친구의 이야기에 귀를 기울이세요. 여러분에게는 든든한 연대감으로 친구의 이야기를 믿고 들어 줄 책임감이 있습니다. 여기 그 방법이 나와 있어요.

　- 친구에게는 "널 믿어."라는 말 한마디가 강력한 힘을 발휘합니다. 그 말은 훌륭한 연대를 향해 나아가는 출발점이 될 거예요. 그렇게 말하는 건 그리 어렵지 않습니다.

– 피해자에게는 그저 누군가 자신의 말을 들어 줄 사람이 필요할 때가 있습니다. 그러니 그 자리에 앉아서 차분히 이야기를 들어 주세요.

– 개인적인 이야기나 생각은 말하지 않는 게 좋아요. 그리고 주제를 바꾸지 말아야 해요. 때때로 사람들은 이야기가 불편하면 그렇게 행동하기도 하는데 이런 행동은 자제하도록 합시다.

– 피해자 앞에서 감정적인 반응은 자제하세요. 너무 흥분한 나머지 화를 내거나 가해자를 죽여 버리겠다고 위협하는 건 도움이 되지 않아요. 차분하게 들으려고 노력합시다. 강렬한 반응은 피해자가 옆에 없을 때 하세요. 이런 반응은 자연스럽지만 그 순간만큼은 피해자에게 초점을 맞추어야 합니다.

– 하지만 공감하는 건 중요해요. "정말 안됐구나."라고 말하며 안아 주는 것도 괜찮고 우는 것도 괜찮아요. 완벽한 대본을 갖고 있을 필요는 없습니다. 다시 말하지만, 피해자에게는 여러분이 자기 말을 귀담아듣고 믿어 주는 것이 가장 중요합니다.

– 의심하거나 피해자의 말을 믿지 못하겠다는 듯이 행동해서는 안돼요. 예를 들어, 이렇게 말하지는 맙시다.

"정말 그런 일이 일어났어?"

"너무 부풀려서 말하는 거 아니야?"

"말도 안 돼. 그 아이는 절대 그럴 리 없어. 그 아이가 얼마나 괜찮은데."

그저 귀담아듣고 그런 생각은 혼자만 간직하세요. 이렇게 말하는 건 피해자에게 엄청나게 큰 상처가 됩니다.

– 피해자를 비난하지 마세요. 가해자가 공격했을 때 왜 방어하지 않았냐고 말하지 마세요. 또는 이런 질문도 하지 않는 게 좋아요.

"애초에 왜 그 아이랑 같이 있었던 거야?"

"누가 나한테 그러면 난 절대 가만히 내버려 두지 않을 거야."

"네가 짧은 치마를 입고 있었잖아, 그러니까……."

피해자는 이미 충분히 곤욕스러운 상태로, 여러분의 참견과 훈수는 필요 없습니다.

– 피해자의 고통을 마음대로 판단하지 마세요. 어쩌면 여러분은 이 학대가 그렇게 대단한 게 아니며, 피해자가 왜 그렇게 울고불고 난리를 치는지 모르겠다고 생각할 수도 있어요. 어쩌면 아주 오래전에 일어난 학대 행위에 왜 지금까지 화를 내는지 이해하지 못할 수도 있어요. 사람마다 자신의 학대 트라우마를 처리하는 방식이 다릅니다. 그 모든 것이 타당합니다. 여러분의 의견을 밖으로 드러내면 피해자에게 상처만 안겨 주게 됩니다. 그러니 그런 생각은 드러내지 마세요. 그냥 조용히 귀담아들어 주세요.

여러분은 이런 상황이 불편하게 느껴질 수도 있어요. 피해자의 이야기를 들으며 그 불편함과 책임을 제대로 감당할 수 있는지, 또는 피해자의 이야기에 흥분하거나 감정이 격해지는지는 사람마다 달라요. 만약 여러분이 받아들이기 힘들다면, 받아들이지 않아도 됩니다. 하지만 최대한 피해자를 부드럽게 대하세요. 피해자는 무척 취약한 상태입니다. 여러분은 피해자가 말하기를 두려워하는 건 바라지 않을 거예요. 여러분은 이렇게 말할 수 있습니다.

"난 널 정말 좋아해. 네 말을 믿어. 너한테 그런 일이 있었다니 정말 유감이야. 하지만 난 그런 말을 들어 줄 준비가 되지 않았어. 너 때문이 아니야. 나한테 그런 말을 하지 말았어야 한다는 뜻이 아니야. 하지만 선생님, 부모님, 학교 상담 선생님, 또는 다른 친구한테 밀하는 게 좋을 것 같아. 그 사람들이 지금의 나보다 훨씬 더 잘 들어 줄 거야. 내가 이야기를

들어 줄 준비가 되면, 너한테 말할게. 그동안 내가 뭐 달리 도울 방법
은 없을까?"

(4) 경계선을 존중하자

피해자의 경계선을 존중하는 일은 연대를 위해 매우 중요합니다. 그
런데 많은 사람들이 피해자를 돕겠다는 생각으로 경계선을 넘는 실수
를 할 때가 있습니다. 그런 움직임이 피해자에게는 부담과 압박으로 느
껴질 수 있어요.

여기 피해자의 경계선을 존중할 수 있는 몇 가지 팁을 알려 줄게요.

− 이렇게 말합시다.

"네가 말하고 싶을 때 말해. 난 언제나 여기 있어."

하지만 그런 말을 수도 없이 반복하지는 마세요. 상대방에게 말하도
록 부담을 주지도 마세요. 피해자는 준비가 되었을 때 여러분에게 다가
올 거예요.

− 여러분의 역할을 명심합시다. 여러분은 피해자의 치료 전문가도
아니고 부모님도 아닙니다. 피해자는 어른들로부터 도움과 지원을 받
아야 합니다. 여러분은 형제자매일 수도, 친구일 수도, 친척일 수도 있
어요. 함께 연대를 한다 해도, 여러분은 여전히 형제자매, 친구 또는
사촌입니다. 피해자의 삶에서 여러분의 역할은 크게 바뀌지 않아요.
피해자를 진단하고, 법의 범위를 알아내고, 누군가를 '구하는 것'은 여
러분의 역할이 아닙니다.

− 피해자들은 보통의 평범한 삶을 회복하려 노력해야 합니다. 어쩔
수 없이 일부 달라지는 것이 있어도, 여러분은 피해자를 평소와 달리 너
무 유별나게 대해서는 안 돼요. 그러니까 예를 들면, 피해자를 파티에

계속 초대해야 합니다. 그 사람이 오지 않을 거라는 생각이 들어도요. 그 사람과 학대에 대해 계속 이야기해야 한다고 생각할 필요는 없습니다. 그 사람이 원하는 대로 최대한 자연스럽게 행동하는 게 좋아요.

– 피해자는 아직 일상생활로 돌아올 준비가 되어 있지 않을 수도 있어요. 부담을 주지 말고 인내를 갖고 기다려야 합니다.

– 오버하지 마세요. 성 학대에 관한 책 한 권을 선물하는 건 괜찮습니다. 하지만 피해자에게 수많은 책, 수많은 링크, 수많은 비슷한 이야기 폭탄을 던지는 건 괜찮지 않아요. 친구에게 도움을 준다고 생각할지 모르지만, 이것이 피해자에게 부담을 주거나 감정을 격하게 만들 수도 있어요. 피해자에게 상처가 될지 모르니 신중하게 행동하는 게 좋습니다.

– 피해자가 온종일 누군가를 필요로 하며 여러분이 같이 있어 주길 원한다고 지레짐작하지 마세요. 혼자 있고 싶을 때도 있을 겁니다. 잘 모르겠으면 이렇게 물어보세요.

"내가 갈까? 아니면 혼자 있고 싶어?"

만약 피해자가 혼자만의 시간을 원한다면 그렇게 해 주세요. 피해자들은 많은 일을 겪고 있습니다. 여러분에게 아무렇지도 않게 '노'라고 말할 수 있어야 합니다.

그 어떤 환경에서도 여러분이 피해자를 위해 직접 문제를 해결하려 들어서는 안 됩니다. 예를 들어, 여러분이 아무리 화가 났다 할지라도, 가해자와 직접 마주하거나 가해자에 반대하는 캠페인을 시작하는 등의 행동은 삼가세요. 피해자가 그 계획에 참여하지 않는 한, 피해자를 위한 대규모 집회를 계획하지 맙시다. 자칫 감당하기 힘든 끔찍한 결과를 가져올 수도 있습니다.

피해자의 말을 귀담아들어 주고 곁에 있어 주는 것이야말로 여러분이 할 수 있는 최선이라는 걸 명심합시다.

(5) 사생활을 존중하자

소문이 무성한 중고등학생들의 세계에서 피해자의 사생활을 존중하는 건 매우 힘들 수도 있어요. 그렇지만 피해자와 연대할 때 사생활을 존중하는 것은 피해자를 믿어 주는 것과 함께 매우 중요합니다.

그런데 비밀 유지와 사생활 존중은 달라요. 연대하는 사람들은 성 학대 사실을 어른들 또는 학교 등 관련 기관에 비밀로 해서는 안 됩니다. 피해자의 사생활 존중은 치유와 관련된 문제입니다.

여기 몇 가지 팁을 알려 줄게요.

– 그 사람이 여러분에게 따로 말하지 않는 이상, 피해자는 관련된 기관과 보호자들 외에는 누구한테도 피해 사실을 알리기를 원치 않는다고 생각합시다.

– 그 일에 관해서는 소셜 미디어에 글을 쓰거나 사진을 올리지 맙시다.

– 소셜 미디어에 애매모호한 단어나 확실하지 않은 표현으로 그 일에 대해 이야기하지 맙시다. 사람들이 피해자를 알아차릴 수 없다 해도, 피해자는 여러분의 글에 자극을 받을 수 있습니다.

– 내가 들은 일을 알려야겠다는 판단이 든다면, 상담 교사나 믿고 의지할 수 있는 성인 보호자에게 말합시다. 그러면 피해자에게 해를 입히지 않으면서도 여러분의 마음에서 그 사건의 무게를 덜어 내는 데 어느 정도 도움이 될 거예요. 또는 부록에 나와 있는 믿을 만한 핫라인 상담 전화에 전화를 걸어 전문가와 이야기해 보는 것도 좋은 방법입니다.

– 소문은 자칫 엄청난 결과를 가져올 수 있어요. 명심합시다. 여러분이 말하고 쓴 모든 것이 피해자의 사건에 영향을 미칠 것입니다.

(6) 어른에게 알리자

아이들에게는 신고 의무가 없습니다. 하지만 함께 강력히 연대하고 싶다면, 자신이 목격하거나 들은 학대 또는 학대가 의심될 만한 상황을 알리면 됩니다. 여기에도 동일한 규칙이 적용됩니다. 믿을 만한 어른에게 이야기하고, 진실을 굳게 믿고, 일이 빨리 해결되리라 예상하지 말고, 자기 돌봄을 실천에 옮겨야 합니다.

(7) 자신의 한계를 알고 경계선을 설정하자

연대에는 약간의 희생이 필요합니다. 시간이 걸리고, 불편을 감수해야 하고, 자제해야 합니다. 연대한다는 건 의미 있고, 더 나은 세상을 위해 필요합니다. 하지만 그게 여러분 삶의 전부는 아닙니다. 그래서 여러분 자신의 한계를 알아야 합니다. 그래야 조바심 내지 않고 꾸준히 실천해 나갈 수 있습니다.

만약 피해자가 여러분에게 너무 많은 걸 요구한다고 느낀다면(예를 들어, 온종일 문자 메시지를 주고받기를 원하거나 매일 밤 자기 집에서 함께 자 달라고 한다면), 자신의 경계선을 설정하세요. 자신의 삶을 포기하지 않고도 얼마든지 훌륭하게 연대할 수 있습니다. 학교, 친구, 가족과의 독립적인 인간관계 모두는 최우선 순위로 남아 있어야 합니다. 경계선을 설정한다고 죄책감을 느낄 필요는 전혀 없어요.

여러분이 피해자에게 위안이 될 수는 있겠지만, 피해자를 앞으로 나아갈 수 있게 해 주는 건 전문적인 도움과 지원입니다. 여러분이 학대 이야기에서 하루 이틀 벗어난다고 피해자가 위험해지지는 않아요. 피해자에게 여러분은 하루 24시간 돌봐 주는 보모가 아닌 든든한 지원군이 되어야 합니다. 스스로 한계를 설정하세요.

만약에 피해자가 여러분에게 늘 돌봐 달라고 하거나 당장 오지 않으면 무슨 일이 일어날지 모른다고 위협한다면, 건강하지 못한 관계에 놓여 있는 거예요. 그런 관계는 재검토가 필요합니다. 1장에서 이야기한 건강하지 못한 인간관계를 다시 살펴보세요.

(8) 감정이 격해지지 않도록 하자

여러분이 피해자와 정서적으로 깊이 관련되어 있을 때, 연대하면 서로 감정적인 영향을 미칩니다. 보통 피해자의 감정에 맞춰져 있지만, 연대하는 사람의 감정도 중요합니다.

피해자가 당한 학대의 내용을 보거나 들었을 때 불편한 느낌은 당연합니다. 하지만 자극을 받는 건 달라요. 여러분은 '자극을 받는다.'라는 말을 들어 봤을 거예요. 이 책에서 자극이라는 단어는 매우 중요합니다.

만약 어떤 일로 자극을 받았다면, 그 일 때문에 여러분 인생에서 매우 부정적인 뭔가가 떠올랐다는 뜻입니다. 어쩌면 여러분 앞에 놓인 이것은 여러분을 나쁜 감정으로 몰아넣고, 기분을 끔찍하게 만들고, 또는 생각하고 싶지 않은 기억을 떠올리게 할지도 몰라요.

만약 여러분이 학대를 경험했다면, 연대를 하는 게 아주 큰 자극이 될 수도 있습니다. 그것 때문에 여러분 삶에서 일어났던 또는 지금 일어나고 있는 무언가를 떠올릴지도 모릅니다.

충격적인 내용의 영화를 보거나 책을 읽다가 자극을 받을 수도 있습니다.(나는 이 책 중간중간에 경고 메시지를 넣어 두었습니다.) 같은 방식으로, 성 학대 피해자의 지원군들은 자극을 느낄 수 있습니다. 피해자의 이야기를 듣고, 학대를 목격하고, 또는 학대가 일어난 뒤에 도우미의 역할을 하면서 말이에요. 때때로 우리는 자신의 감정이 격해진다는 사실을 알아차리지도 못합니다. 그저 끔찍한 기분을 느낄 뿐이에요.

하지만 학대를 경험한 누군가는 끈끈한 연대를 이룹니다. 그 사람은 상황을 그 누구보다 잘 이해할 수 있습니다.

그러려면 자신의 문제를 마주하고 상담을 통해 그것을 치유해야 합니다. 이것은 스스로 도움을 청하는 단계를 거쳐야만 할 수 있습니다.(5장을 보세요.) 아무런 지원 없이 매일 감정에 자극을 받으면 더 큰 상처를 입을 수 있습니다. 먼저 자신을 돌보세요.

만약 감정이 격해지면, 연대할 준비가 아직 안 되었다고 피해자에게 솔직히 말하세요. 그러면서 도울 수 있는 다른 방식들을 제안해 보세요. 친구들의 학대 이야기를 들어 주거나 슬픔을 겪는 친구를 위로할 수는 없어도, 학교 과제나 다른 숙제를 챙겨 친구 집에 가져다주는 등의 도움은 줄 수 있습니다.

＃— 허구(fiction) —＃
필라의 이야기

필라는 축구 연습 경기에서 그 어느 때보다 실력을 발휘하고 있었어요. 수비로서, 공을 연신 차 내고 있었지요. 필라의 엄마는 보조 코치인데, 그 모습을 자랑스럽게 지켜보았습니다.

연습 경기가 끝나 갈 즈음, 부모님들이 나타나 아이들을 집으로 데려가기 시작했어요. 필라의 친구 이네즈의 엄마는 새로운 강아지를 데리고 나타났어요. 강아지는 엄청 귀여우면서도 사나웠어요. 필라는 그 강아지를 이네즈네 집에서 만난 적이 있었어요. 필라는 그 강아지를 무척 좋아했어요. 하지만 강아지가 축구 코치한테 달려가 기분 좋게 뛰어다니자, 필라는 무척 실망스러웠어요. 필라는 갑자기 화가 났어요. 더 이상 경기를 하고 싶지 않았어요. 상대 팀이 공격해 와도 그냥 가만히 있는 바람에 상대 팀에게 두 골이나 잃었어요.

연습 경기가 끝나고 차를 타고 집으로 오는 길에, 엄마가 무슨 일인지 필라에게 물었어요.

"나도 몰라."

필라가 뚱하게 대답했어요.

필라는 집에 오는 내내 화가 났어요. 아파트 문을 열었을 때, 뭔가를 잃어버린 느낌이 들었어요.

필라가 키우던 강아지, 스팀피가 작년에 죽었어요. 이제 필라가 집에 와도 스팀피는 더 이상 자신을 맞아 주지 못했어요. 필라는 울음을 터트렸어요. 기분이 너무 이상했어요. 스팀피가 죽었을 때도 물론 슬펐지만, 이런 감정은 아니었어요. 집에 들어올 때마다 스팀피 생각이 나는 것도 아닌데 필라는 오늘 기분이 왜 이런지 알 수가 없었어요.

필라는 강아지가 축구 코치를 보고 펄쩍펄쩍 뛰는 모습을 보고 감정이 격해졌던 거예요. 어쩌면 그 모습을 보고 스팀피가 자신에게 뛰어오는 게 떠올랐는지도 몰라요. 무의식 속에 있던 스팀피에 대한 필라의 감정이 마침내 표면으로 떠올랐어요. 필라는 자기가 왜 이렇게 화가 났는지 이해하지 못했지만, 자신이 화가 났다는 건 알았어요.

필라는 작년에 스팀피가 죽었을 때 무척 슬펐어요. 하지만 필라는 스팀피가 그냥 한 마리 강아지라고 생각했어요. 그래서 당시에는 자신의 감정은 그저 묻어 두었어요.

불행하게도 우리는 감정을 그냥 없애 버릴 수 없습니다. 만약 감정을 제대로 처리하지 않는다면, 그 감정은 필라의 축구 연습을 망쳤던 것처럼 다른 방식으로 여러분에게 상처를 줄 수 있습니다.

스팀피는 그저 한 마리 강아지가 아니었던 거예요. 스팀피는 필라에게 무척 소중했어요. 필라는 그 사실을 똑바로 마주하고 상처를 치유하고 앞으로 나아가야 합니다.

(9) 대리 외상 증후군

피해자의 이야기를 들은 사람에게 대리 외상 증후군이 일어나기도 합니다. 대리 외상 증후군은 연대하는 사람들이 느끼는 트라우마를 뜻합니다. 피해자의 고통스럽고 충격적인 이야기를 감정적으로 깊이 경험하기 때문에 나타나는 현상이죠.

치료 전문가들은 치료하는 과정에서 이런 영향을 받지 않도록 대리 외상 증후군에 대해 철저한 훈련을 받습니다. 치료 전문가들은 환자의 힘겨운 이야기를 온종일 들어야 하니까요. 하지만 대부분의 사람은 그런 훈련을 받지 않았습니다. 따라서 사랑하는 사람이 상처를 입었을 때, 주변 사람들 역시 감정적으로 무척 힘들 수 있어요. 만약 다음 중 해당하는 내용이 있다면, 여러분은 대리 외상 증후군을 경험하고 있다고 볼 수 있습니다.

- 꿈에 피해자의 이야기가 나온다.
- 피해자가 겪은 일 때문에 잠을 설친다.
- 내가 충분한 도움이 되지 못하는 건 아닌지 끊임없이 걱정한다.
- 불안하다. 평소보다 밥을 너무 많이 또는 너무 적게 먹는다. 우울함, 낮은 자존감, 자해, 또는 약물 남용과 같은 트라우마 증상을 경험한다.

– 피해자에게 초점을 맞추느라 너무 바빠서 내 생활을 돌보지 않는다.

연대하는 사람으로서 이 내용 중 하나라도 경험하고 있다면, 혼자 해결하려 들지 마세요. 강한 척해서도 안 됩니다. 여러분을 돌봐 주는 사람이나 상담사에게 알리고 전문가의 도움을 받아야 합니다.

이런 증상이 모두 대리 외상 증후군은 아닐 수도 있지만, 어쨌든 분명 주의를 기울여야 할 증세인 것만은 틀림없습니다.

(이건 내 이야기입니다. 핼리라는 내 이름으로 쓸게요.)

핼리는 지금 청소년을 대상으로 성 학대에 관한 책을 쓰는 중이에요. 핼리는 친구와 지인들, 중학생 아이가 있는 학부모들에게 전화를 걸어 실제 경험담을 들려줄 수 있는지 물었어요. 사람들의 대답을 얻기까지 상당히 오랜 시간이 걸릴 거라 예상했어요. 이름을 익명으로 처리한다고 할지라도, 무척 개인적이고 힘겨운 이야기였으니까요.

그런데 핼리의 예상은 틀렸습니다. 실제로 전화를 걸었을 때 많은 사람들이 정말이지 엄청난 반응을 보였어요. 그리고 이 책이 세계 도처의 아이들에게 도움이 되기를 바랐어요.

핼리의 친구 카예(가명)가 제일 먼저 자기 이야기를 들려주었어요. 카예와 핼리는 한동안 연락이 끊겼었는데, 전화로 이야기를 주고받을 수 있어 무척 반가웠답니다.

먼저, 둘은 일상적인 주제로 대화를 나눴어요. 일, 가족, 삶에 대해. 그러고 나서 카예가 핼리에게 물었어요.

"그런 이야기들을 다 들어 보니까 기분이 어때?"

헬리는 아주 오랫동안 저널리스트이자 인터뷰어로 활동했어요. 일을 하며 끔찍한 이야기를 수도 없이 들어왔지요. 그래서 자신은 아무렇지도 않을 거라고 생각했어요.

헬리는 대답했어요.

"난 괜찮아. 힘들지만 그런 이야기를 듣는 게 내가 이 책을 쓰는 동기가 되잖아."

사실 헬리는 자기 자신의 마음에 대해서는 생각조차 해 보지 못했어요. 그저 사람들이 자신에게 말하고 싶어 한다고 믿었을 뿐이죠.

일상적인 이야기가 끝난 뒤, 카예는 헬리에게 자기 이야기를 들려주었어요. 여러분은 이미 76쪽에서 카예의 이야기를 읽었지요.

헬리는 어안이 벙벙했어요. 자기 친구가 영화에 나올 법한 일을 겪었다니 너무 끔찍하고 무시무시했어요. 카예는 죽임을 당할 수도 있었어요. 그리고 아주 오랫동안 트라우마를 안고 살아야 했어요. 헬리와 카예가 함께 어울리며 보냈던 그 많은 시간 속에서도, 카예는 이 일을 혼자 간직하고 있었어요.

헬리는 통화를 하는 동안 아무렇지 않은 듯 대처했어요. 하지만 전화를 끊고 나자, 크게 한 방 맞은 느낌이 들었어요.

헬리는 잠을 이루지 못했어요. 화가 났어요. 카예에게 상처를 줬던 그 녀석을 쫓아가 목을 졸라 죽여 버리고 싶었어요. 그 녀석이 해를 입혔을 소녀들에 대한 생각에 사로잡혔어요.

헬리도 과거에 성 학대를 경험한 바 있었어요. 헬리가 잠들어 있는 사이에 친구가 공격했어요. 그전에는 자기보다 훨씬 나이가 많은 매력적인 남자가 헬리를 그루밍하고, 시간이 지나며 점점 심하게 학대했어요. 그리고 수차례 강간했어요. 중학교에서는 남자아이 하나가 성행위를 강요하고는 전교생에게 핼리가 창녀라고 떠들고 다녔어요.(핼리는 아주 최근에야 그것이 강압이라는 걸 알아차렸어요.)

핼리는 수년 동안 치료를 받으며 그 사건들을 이야기했었어요. 100퍼센트 치유할 수는 없지만, 스스로 많이 이겨 냈어요. 이 책을 쓰다 보면 그 나쁜 기억이 떠오를지도 모른다는 사실을 알았어요. 그것이 대리 외상 증후군을 유발할지도 모른다는 것도 알았고요. 그럼에도 핼리는 이 책을 써야 한다고 생각했어요. 연대를 하고 책을 쓰는 건 핼리에게, 그리고 세계 곳곳의 아이들에게 너무나 중요한 일이었으니까요. 하지만 핼리는 스스로를 돌봐야 한다는 것 또한 잘 알고 있었어요.

핼리는 자신을 담당하는 치료 전문가에게 카예의 이야기를 들려주었어요. 물론, 카예의 진짜 이름은 말하지 않았어요. 치료 전문가는 법적으로 누구에게도 그걸 이야기할 수 없어요. 핼리는 치료 전문가에게 잠을 잘 못 잔다는 것과 화가 난다는 걸 말했어요. 솔직하게 말해야 했어요. 그것은 카예의 이야기 때문만은 아니었어요. 책을 쓰면서 알게 된 이야기들과 자료 조사 때문이었어요. 감당하기에는 너무 벅찬 것들이었어요.

치료 전문가는 핼리가 스스로의 정신 건강에 주의를 기울이고 있는 것에 안심했어요. 만약 아무런 영향을 받지 않은 것처럼 이 책을 써 내려갔다면, 정말로 걱정스러웠을 거예요. 핼리가 많은 걸 묻어 둔다는 의미였으니까요. 우리가 이 책을 통해 살펴봤듯이, 무언가를 묻어 두는 건 문제를 더 악화시킬 뿐이에요.

핼리가 그 모든 무게를 혼자 다 짊어지지 않도록 치료 전문가는 상담 시간에 책 이야기를 하기로 했어요. 핼리는 책을 쓰면서 자주 휴식을 취하기로 결정했어요. 또는 만약 너무 힘들다고 느껴지면, 덜 자극적인 장으로 건너뛰기로 했어요. 그리고 매일 요가를 했어요. 요가는 마음을 비우고 스스로에게 집중하는 멋진 방법이었어요. 또 핼리에게는 이 책을 쓰면서 생긴 정신적인 짐을 다룰 수 있는 더 많은 수단이 생겼어요. 그리고 이제 보세요, 책을 거의 다 써 가고 있잖아요!

핼리는, 그러니까 나는, 연대를 하고 이 책을 쓰면서 자신의 학대 경험에 대해 스스로 격해지는 위험에 빠졌습니다. 또한 대리 외상 증후군의 위험에 빠졌어요. 핼리는 이미 엄청난 치료를 받아왔습니다. 수년 동안 자신의 문제를 마주해 왔어요. 그래서 카예에게 든든한 지원군이 되어 줄 준비가 되었다고 느꼈어요.

하지만 카예의 이야기는 준비된 것보다 훨씬 더 당혹스러웠어요. 그리고 핼리가 감정적으로 격해지는 몇 가지 대리 외상 증후군을 불러일으켰습니다. 핼리는 책의 모든 내용이 자신에게 영향을 미쳤다는 사실을 깨달았어요.

다행히 핼리에게는 치료 전문가를 비롯해 자신의 문제를 잘 다룰 수 있는 수단이 있었어요. 핼리는 긍정적인 단계를 밟아 나갔습니다. 그래서 지속적으로 연대할 수 있었어요. 자기 이야기를 책에 넣기로 결정한 자신이 정말 자랑스러워요.

대리 외상 증후군에는 면역이 생기지 않습니다. 피해자의 든든한 지원군이 되어 주고, 피해자의 말을 귀담아들어 주기 위해서는 자신도 돌봐야 한다는 걸 잊지 마세요.

6장

행동에 나서자

**이 장의 마지막 부분에는 여러분들의 마음을 무겁게 할 만한
폭력적이고 성적인 내용이 포함되어 있습니다.**

#미투는 스스로를 위한, 그리고 타인을 위한 실천으로 시작합니다. 지금까지 이 책에서는 개별 사례들을 다루었어요. 즉, 내게 또는 내가 아는 누구에게 무슨 일이 생기면 어떻게 행동할지 살펴보았어요.

하지만 #미투는 이것보다 훨씬 광범위합니다. #미투는 나와 내 주위뿐만 아니라 우리가 알지 못하는 사람들을 돕는 것과도 관련되어 있습니다. #미투는 학교, 동네, 세계에서 성 학대에 대한 인식을 높입니다. #미투는 여러분보다 나이가 어린 아이들이 안전하고 건강하게 클 수 있는 환경을 조성합니다. #미투는 이 세상을 더 살기 좋은 곳으로 만드는 일입니다.

이 책을 읽으며 여러분은 사법 제도, 피해자를 비난하는 인식, 또는 학대 사실을 알리는 것의 두려움 등 학대와 관련한 잘못된 제도와 태도를 개선해야 한다는 걸 깨달았을 거예요. 개인의 힘으로 이 모든 걸 변화시킬 수는 없을지 몰라요. 하지만 여러분에게는 학교를 비롯해 우리가 살아가는 세상의 문화를 바꿀 힘이 분명히 있습니다.

이번 장에서는 #미투를 실천하는 것에 대해 이야기하겠습니다. 여러분이 변화의 일부가 될 수 있는 상황을 살펴볼 거예요. 그뿐만 아니라 학교에서든 또는 세계 어디에서라도 정의를 지키기 위해 싸울 수 있는 조치들에 대해서도 알아볼게요.

(1) 학교에서의 괴롭힘을 상대로 싸우는 것

수업은 물론 방과 후 활동까지 여러분은 하루 중 많은 시간을 학교에서 보냅니다. 이렇게 오랜 시간을 보내는 학교 환경은 편안하고 안전해야 합니다. 그럴 권리를 법적으로 보장받아야 합니다.

만약 학교에서 성적인 괴롭힘이 발생한다면 그 사실을 선생님이나 책임 있는 어른에게 알려야 해요. 알리는 것으로 충분하지 않고, 뭔가 더 해야 한다고 느낀다면, 행동에 나서야 합니다.

여기, 학교에서 #미투를 행동으로 실천하는 몇 가지 단계를 알려 줄게요.

아이샤는 같은 반 친구들과 함께 체육 시간에 배드민턴을 치고 있었습니다. 그런데 갑자기, 누군가 등을 쿵 부딪쳤어요.

깜짝 놀라 뒤돌아보니 마르쿠스가 라켓을 손에 든 채 낄낄 웃으며 도망가고 있었어요. 마르쿠스는 다른 여자아이들에게도 이런 짓을 여러 차례 했었지만, 아이샤에게는 처음이었어요. 아이샤는 화가 났어요.

아이샤는 학교 상담 선생님께 이 사실을 알렸어요. 선생님은 아이샤에게 말했어요.

"그래, 마르쿠스에게는 문제가 좀 있어. 하지만 마르쿠스가 바뀔 것 같지는 않구나."

아이샤는 선생님의 이런 반응이 의외였어요. 선생님은 이런 문제에서 뭔가를 할 권한이 있을 거라 생각했거든요. 선생님은 마르쿠스와 잠시 이야기를 나눴고, 다음 날 마르쿠스는 아이샤에게 사과했어요. 하지만 그다음 날, 마르쿠스는 다른 여자아이들에게 비슷한 장난을 또 쳤어요.

얼마 뒤, 아이샤는 학교에서 또 다른 문제가 발생했다는 것을 알게 되었어요. 아이샤의 친구 아이마니가 말하길, 어떤 남자아이가 자기 치마 속에 손을 넣었다는 거예요. 아이마니가 프리처드 선생님에게 달려가 알렸지만 아무것도 바뀌지 않았어요. 또 다른 친구 니아의 경우는 어떤 남자아이가 엉덩이를 툭 쳐서 선생님에게 알렸지만 역시 달라진 게 없었어요.

남자아이들은 점점 더 대담해졌어요. 자기들이 무슨 짓을 해도 모두들 손을 놓고 있는 것 같았으니까요. 육체적인 접촉이 생기는 체육 수업은 점점 더 불편해졌어요. 아이샤는 선생님들이 학교에서 온라인상의 폭력에 대해서는 이야기해 준 적이 있지만, 성적 괴롭힘이 어떤 것이고 어떻게 대처해야 하는지에 대해 설명해 준 적이 없다는 걸 깨달았어요. 보건 수업 시간에는 다이어트와 건강에 대해서만 주로 이야기했어요.

아이샤는 화가 났지만 무엇을 어떻게 해야 할지 몰랐어요. 학교에서 이런 일에 신경 쓰는 사람은 자기뿐인 것 같았어요. 남자아이들은 아무런 제재도 받지 않았기에 무슨 짓이든 계속할 것 같았어요.

상담 교사는 절차에 따르지 않았습니다. 아이샤를 비롯해 아이들을 도와주지도 않았어요. 선생님은 마르쿠스의 행동을 변화시키도록 노력하고 체육 수업에 참여하는 여학생들 모두를 괴롭힘에서 안전하게 보호할 책임이 있습니다. 그런데 아무런 조치도 취하지 않았어요. 이런 경우 해야 할 일을 하지 않은 상담 교사에 대한 법적 조치가 취해져야 합니다.

사실 어른들이 책임을 지고 해결해야 했지만 그러지 못했어요. 아이샤는 자신의 분노와 좌절감을 행동으로 표현했어요.

1단계. 문제를 확인하자

잠깐 시간을 내어 여러분 학교에서 발생한 문제를 글로 적어 보세요. 최대한 사실적으로 작성하려 노력하세요. '아무도 신경 쓰지 않는다.' 또는 '남자아이들이 늘 우리를 괴롭힌다.'와 같은 문장은 좀 더 분명하고 구체적으로 바뀌어야 될 표현이에요.

"문제가 발생했는데도 학교에서 아무런 조치를 취하지 않았다."

"남자아이 다섯 명이 반복해서 내 친구들과 나를 괴롭혔다. 부적절한 별명을 부르고 우리의 몸을 제멋대로 잡아당겼다."

"학교에서 발생하는 괴롭힘 때문에 아이들은 수업 시간에 불편함을 느낀다."

만약 아이샤가 학교에서의 성적 괴롭힘에 대항해 행동주의자가 되려한다면, 먼저 문제를 분명히 확인하는 일부터 시작해야 합니다.

– 몇몇 남자아이들이 반복적으로 부적절한 행동을 한다. 이를테면 여자아이들을 뒤에서 함부로 툭 치거나 치마 안에 손을 넣는다.

– 그 아이들은 이런 행동을 해도 아무런 제재를 받지 않는다. 그래서 행동이 점점 더 심해진다.

– 학교의 어른들은 아무런 조치도 취하지 않는다.

– 성적 괴롭힘에 대한 교육이 전혀 이루어지고 있지 않다.

– 여자아이들은 학교에서 불편한 느낌을 받는다.

2단계. 목표를 분명하게 세우자

너무 많은 문제를 나열하면 논점이 흐려질 수 있습니다. 1단계에서 구체적으로 표현한 문제들은 앞으로의 행동을 가이드하는 등불이 되어야 합니다. 문제가 분명하게 개선되기를 원한다면, 아이샤는 의사를 명확하게 전달해야 합니다. 1단계에서 제기된 문제를 통해 볼 때, 아이샤의 요구는 다음과 같이 보입니다.

– 다른 사람을 함부로 만져서는 안 된다.

– 학교에서 아이들을 성적으로 괴롭히는 학생들에게 적절한 조치를 취해야 한다.

– 학교에서 성적 괴롭힘 예방 교육을 해야 한다.

– 학교는 여자아이들이 마음 놓고 다닐 수 있는 편안한 장소가 되어야 한다.

아이샤가 마지막 요구에 다른 젠더들도 포함시킬지 모르겠네요. 아이샤는 아이들이 모두 자신의 운동에 동참해 주기를 바랐어요. '여자아이들'을 '모든 학생'으로 바꾼다고 해서 아이샤의 비전이나 아이샤가 취해야 할 다음 행동이 혼란스러워지지는 않을 거예요. 어떤 법칙이나 운동도 일정한 수정이나 변경이 필요할 수 있거든요.

하지만 아이샤가 친구들에게 이 문제에 대한 이야기를 시작할 때, 친구들이 다른 불만 사항들을 말했다고 해 봅시다. 여자 농구 팀이 남자 농구 팀보다 자금 지원을 덜 받는다, 흑인 학생과 백인 학생 사이의 성취율 차이가 심하다, 저소득층 아이들에게는 학교 식당 음식값이 너무 비싸다 등등.

이 모든 걸 목록에서 떨쳐 버리기는 쉽지 않아요. 왜냐하면 이 문제들 모두 무척 중요하니까요. 그래서 논의가 필요합니다. 완벽한 세상에서는 하나의 행동으로 모든 불평등을 해결할 수 있을지도 모르지만, 현실에서는 단순한 메시지 하나에 초점을 맞춰 행동해 나갈 때 변화를 가져올 수 있습니다. 또한 이런 새로운 문제들은 학교에서의 성적 괴롭힘과는 별 관련이 없기도 해요.

3단계. 어떤 행동을 할 수 있는지 살펴보자

단순한 동참에서부터 큰 목표를 추구하는 일까지 학교에서의 괴롭힘과 맞서 싸우기 위해 여러분이 할 수 있는 행동을 알아보겠습니다. 작은 것부터 시작해 꾸준하게 해 나가길 바랍니다.

① 조사하기

문제에 대한 조사는 무척 중요해요. 행동하기 전, 아이샤는 학교 담당자들과 대화를 통해 자기 학교의 정책에 대해 알아야 합니다. 또 친구들에게 학교에서 겪은 성적 괴롭힘과 관련한 각자의 개인적인 경험을 물어봐야 해요.(이 과정에서 철저히 익명을 보장해야 합니다.) 다른 학교에 다니는 친구들에게 혹시 비슷한 경험을 했는지 물어보는 것도 좋습니다. 만약 이미 어떤 사건에 대해 공식적인 조사가 이뤄졌다면, 더 이상의 보고 활동을 멈춰야 합니다. 하지만 지금, 이런 문제에 대해 뭔가를 하는 건 아이샤가 유일해요.

② 고위 관계자에게 편지 쓰기

아이샤는 학교 감독관에게 편지를 써서 자신이 목격한 문제와 요구 사항을 분명히 밝힐 수 있습니다. 학교 상담 교사가 성적 괴롭힘의 결과에 대해 책임을 져야 한다고 요구할 수도 있습니다.

③ 학교에 유인물 게시하기

학교의 허락을 받아, 성적 괴롭힘에 대해 주의할 것을 요구하는 (올바른 인식 캠페인) 포스터를 학교에 게시할 수 있습니다. 직접 만들 수도 있고 온라인에서 사례를 찾아 인용할 수도 있어요.

④ 예술 작품으로 표현하기

성적 괴롭힘에 대한 작품을 만들 수도 있습니다. 미술은 행동주의에 아주 오래전부터 사용되어 왔어요. 개인의 재능을 발휘해 자신의 생각과 감정을 글과 그림, 행위 예술, 춤, 비디오 아트 또는 음악으로 녹여 낼 수 있습니다. 그리고 그 작품을 널리 공유할 수 있습니다.

⑤ 청원하기

학교를 상대로 성적 괴롭힘 예방 교육을 요구하는

청원을 할 수도 있습니다. 청원에 동참하는 학생과 학부모의 서명을 받아서 청원서를 교장 또는 감독관에게 제출할 수 있습니다.

⑥ 이사회 회의에 참석하기

학교 이사회 회의는 어른들이 운영합니다. 여기에 참여한 어른들이 학교와 관련한 결정을 내리죠. 이런 회의가 좀 따분하기는 하겠지만, 학교의 정책 결정 과정에 대해 배울 수 있는 중요한 장이 됩니다. 보통, 회의 끝 무렵에 학생을 포함해 누구든 발언할 기회를 얻을 수 있습니다.

아이샤는 1단계에서 언급한 문제들에 대해 회의에서 발표할 연설문을 준비할 수도 있습니다. 만약 원하는 결과를 얻지 못했다면, 계속 반복해서 해 나갈 수 있습니다. 이것은 변화를 불러일으키는 효과적이고 직접적인 방법입니다.

⑦ 학교에 제안서 쓰기

'성적 괴롭힘 바로 알기 주간'에 대한 제안서를 작성할 수도 있습니다. 다음과 같은 내용을 제안서에 포함시킬 수도 있을 거예요.
- **학교 곳곳에 포스터 붙이기**
- **특별 집회**
- **특별 연사 초청 강연**
- **전교생 대상 성적 괴롭힘 예방 교육에 필요한 실천 계획**

⑧ 온라인 모임 시작하기

반 친구들을 위해 소셜 미디어에서 '성적 괴롭힘 반대 모임'을 시작할 수도 있습니다. 선생님 같은 어른의 도움을 받을 수도 있지요. 이런 모임은 더 많은 사람들이 참여하는 웹 사이트와 온라인 커뮤니티로 발전할 수도 있습니다.

⑨ 방과 후 모임 시작하기

아이샤는 '성적 괴롭힘 바로 알기 클럽' 같은 방과 후 모임을 시작하는 것과 관련해 학교 담당자와 이야기할 수 있습니다. 학생들은 일주일에 한 번씩 모여 성적 괴롭힘 반대 행동을 논의하고, 더 나은 행동을 제안할 수도 있습니다. 지도 교사가 있다면 더 도움이 될 거예요. 학교 안에서 방과 후 모임이 잘 유지되려면 지도 교사가 필요합니다.

⑩ 언론의 관심 끌기

아이샤는 청원서, 편지 등을 지역 언론에 보낼 수 있습니다. 하지만 먼저 책임 있고 믿을 만한 어른과 논의해야 해요. 이런 활동들이 자칫 현재 진행 중인 조사나 소송을 방해할 수도 있기 때문에 이를 확인하고 도움을 줄 수 있는 어른이 있어야 해요. 어른의 도움을 얻는 방법에 대해서는 아래 4단계를 보세요.

⑪ 등교 거부 또는 행진 계획하기

①~⑩까지의 활동으로도 변화가 일어나지 않으면, 등교 거부나 항의 행진을 기획할 수도 있어요.

하지만 이것은 그저 아이디어 차원에서 하는 이야기예요. 이런 일은 실제로 일어나지 않는 게 좋습니다. 등교 거부에는 엄청난 지원과 지지, 참여 그리고 학교(그리고 경찰)의 정책에 대한 사전 지식이 필요합니다.

또한 시위가 혼돈으로 바뀔 가능성도 커요. 자칫 그런 상황이 오면 원래 전하려던 메시지가 실종될 위험이 있습니다.

만약 행진 또는 등교 거부를 계획할 수 있다면, 여러분은 이미 수많은 자원과 친구들을 모았을 거예요. 성공하기 위해서는 무엇이 필요한지도 알 거예요. 어른의 도움을 받아 단체를 조직하는 방법에 대해서는 193쪽을 보도록 하세요.

4단계. 최적의 팀을 모으자

아이샤는 대단해요. 그 점에서는 의문의 여지가 없어요. 하지만 지속 가능한 변화를 이끌어 내기 위해서는 학생 한 명 이상의 힘이 필요합니다. 어른은 물론이고 친구들의 도움도 필요합니다. 그렇다면, 어떻게 이 사람들의 동참을 이끌어 낼 수 있을까요?

계획을 철저히 준비하면 할수록, 뜻을 함께할 동료를 모을 수 있는 확률이 커질 거예요. 아이샤의 명분에 동의한다고 말하는 사람은 많아요. 하지만 아이샤는 지금 함께 행동에 나설 진짜 동료들이 필요해요.

여기 팀을 모으는 몇 가지 단계가 있습니다. 아이샤가 최적의 팀을 모을 수 있길 바랍니다.

① 철저히 계획을 세운 뒤 다가가자

아이샤는 같은 반 친구들 또는 어른들과 이야기를 나눌 수 있습니다. 행동주의 1단계에서 수집한 문제들에 대해 먼저 말할 거예요. 그러고 나서 2단계에서 아이샤가 계획하는 행동을 말할 거예요. 이런 접근은 "넌 성적 괴롭힘을 싫어하니?" 같은 질문보다 훨씬 낫습니다.

② 좋은 친구들을 고르자

아이들에게 다가갈 때는, 친한 친구부터 시작하는 게 좋습니다. 그러고 나서 학생 대표처럼, 이미 활발히 활동하는 학생들과의 접촉을 시도하는 것도 좋습니다. 이런 아이들은 아이샤의 말을 귀담아들을 뿐만 아니라, 어떤 일을 추진하는 데 있어 학교 내에서 이미 어느 정도 네트워크가 있거든요.

③ 좋은 어른들을 고르자

부모님, 선생님, 코치, 또는 행정 직원 등 어른의 도움을 받으면 좋습니다. 아이샤는 믿을 만한(그리고 관련이 있는) 어른들을 선택해서 자신의 계획을 말했습니다. 어른들한테 조언을 구하고 많은 걸 배워야 해요.

④ 좋은 대리인을 고르자

아이샤는 자기 힘만으로는 모든 걸 다할 수 없었어요. 시간이 없었을 뿐만 아니라, 자신이 모든 걸 아는 건 아니었으니까요. 예를 들어, 아이샤의 계획이 청원서를 쓰는 것인데 자신의 글 솜씨가 별로라고 생각한다면, 글을 잘 쓰는 사람이 옆에 있었으면 하고 바랄 거예요. 거기에 내용을 교정해 줄 수 있는 어른이 있으면 더 좋겠죠. 만약 계획이 포스터를 만드는 것인데 뛰어난 일러스트레이터를 알고 있다면, 그 사람을 도움받을 사람 목록에 올릴 수 있을 거예요. 그 사람이 원한다면 말이에요.

누군가는 소셜 미디어, 대중 연설, 또는 음악 제작에 뛰어난 재능이 있습니다. 만약 아이샤가 앞에 나서고 싶지 않다면, 누군가가 대신 운동을 이끌게 하고, 자기는 뒤에서 모임을 움직일 수도 있을 거예요. 만약 사람들이 각자 자신의 힘닿는 데까지 최선을 다한다면, 운동은 더 나은 결과를 가져올 거예요. 또한 그 운동에 참여한 사람들은 모두 큰 즐거움을 느끼겠지요.

5단계. 명분을 위해 기금을 마련하자

만약 여러분의 주장을 행동으로 보여 주기 위해 기금이 필요하다면 189쪽을 읽어 보세요.

모임이 공식적으로 출범했다면, 모임 또는 단체에 지급되는 보조금 지원을 요청할 수 있어요.

만약 학교가 여러분을 후원해 준다면, 큰 도움이 될 거예요. 학교 시스템에서 수많은 지역 혹은 국가 단위의 보조금에 지원할 수 있으니까요.

6단계. 반발을 예상하자

소셜 미디어 시대에 반발은 빠르고 강력하게 나타날 수 있습니다. 게다가 아주 추하게 진행될 수도 있어요.

엠마 곤잘레스는 2018년 플로리다주 파크랜드에서 일어난 학교 총격 사건의 생존자입니다. 엠마는 총기 규제에 대한 적극적인 활동가였어요. 엠마는 미국 총기 협회를 지지하는 정치인들을 대상으로 'We Call BS'('네가 한 말은 안 믿어!'라는 뜻)라고 외쳤는데, 이 외침은 수많은 사람들에게 너무나도 강력하고 감동적이었습니다. 하지만 누군가에게는 그 연설이 분노와 증오를 불러일으켰어요. 우파 미디어에서는 엠마의 짧은 머리를 조롱했어요. 메인주 선거 입후보자 한 명은 엠마를 '빡빡머리 레즈비언'이라고 부르기도 했어요. 가짜 동영상과 음모론이 판을 쳤어요. 엠마의 쿠바 혈통을 들먹이며 활동의 의미를 깎아내리는 사람도 있었어요.

당시 상황은 세간의 이목을 끌었습니다. 하지만 배울 만큼 배운 정치인들이 폭력적이고 잔인한 공격의 희생자인 고등학생을 다시 공격하리라고는 생각하지 못했습니다. 아무리 엠마의 주장에 반대한다고 해도, 과연 어떤 미숙한 괴물이 그런 짓을 할 수 있을까요?

그런데 불행하게도 그 예상은 틀렸습니다. 누군가를 화나게 하고 상처를 주려 아무 말이나 마구 해 대는 사람들도 있습니다.

여러분 또는 아이샤는 정신 나간 어른들보다 동료 학생, 또래 집단, 또는 익명의 아이들로부터 인터넷 트롤링(인터넷 공간에서 재미를 위해 상대방을 화나게 하는 행위)을 마주할 가능성이 큽니다. 누구도 그 사람의 정체성과 개성에 대한 공격에 만반의 준비를 할 수는 없습니다. 그런 증오를 무시하고 계속해 나가기 위해서는 엄청난 힘과 집중력, 지원이 필요합니다. 이에 대해 몇 가지 조언을 해 줄게요.

① 인터넷 트롤 또는 트롤링에 관심을 두지 말자

다른 사람에게 불쾌감을 주기 위해 공격적이거나 자극적인 내용을 인터넷에 올리는 사람을 '인터넷 트롤'이라고 합니다. 트롤은 자동차와 같다고 생각합시다. 그리고 이들에 대한 여러분의 분노는 자동차 연료통의 기름이라고 생각하세요. 여러분이 그런 악플을 신경 쓰지 않는다면, 그 사람들은 결국 제풀에 나가떨어질 거예요.

② 댓글을 멀리하자

①과 같은 의미에서 인터넷 기사나 게시물의 댓글을 보지 않는 것이 좋습니다.

③ 품위를 유지하자

여러분이 부모, 학생, 교사, 교육 위원회, 언론 매체 또는 공동체의 누군가의 반발을 산다면, 퍽 중요한 대화를 시작할 수 있습니다. 침착함을 유지하고 1단계에서 확인한 문제들을 마음속에 분명히 간직하십시오. 진실은 여러분 편에 있습니다. 그 사람들한테 지레 기죽을 필요는 없습니다. 마음을 다잡고 품위를 유지하세요.

④ 반발은 뉴스거리가 될 수 있다

언론의 관심을 불러일으키고 싶나요? 기자들은 진보와 정의에 대한 억압에 분노한 공동체를 무척 좋아합니다. 기자들에게 접촉하여 여론을 형성하는 것도 좋은 방법입니다.

⑤ 여러분의 지원 시스템에 의지하자

친구, 가족, 상담 교사와 인터넷상에서 일어나는 폭력에 대해 이야기합시다. 만약 여러분의 안전이 위협받는다면, 경찰의 도움을 받아야 합니다.

⑥ 반발은 제대로 굴러가고 있다는 뜻이다

여러분이 반발을 사고 있다면, 그건 여러분의 운동이 나름대로 영향을 미치고 있다는 뜻입니다. 시민권 행동주의에 나서며, 마틴 루서 킹 목사는 정말이지 견디기 힘든 엄청난 반발에 부딪혔어요. 물론, 킹 목사는 불굴의 의지와 행동으로 이를 뚫고 나갔지만, 반대하는 사람들도 많았다는 걸 잊지 맙시다.

7단계. 참고 견디자

세상 사람들의 관심은 끓어오르는 냄비 같아서 변덕스럽습니다. 그래서 거대 언론 기업들은 광고가 소비자의 머리에 박히도록 수백만 달러를 쏟아붓는 거예요. 따라서 한 번의 행동으로 여러분이 다니는 학교의 구성원들에게 지속적인 영향을 미치는 건 무척 어렵습니다. 엄청난 창의력과 에너지가 필요하지요. 운동의 영향이 약해지는 게 느껴지거나 또는 변화를 일으키기도 전에 사람들의 관심이 시큰둥해진다고 해서 여러분이 관심을 버려야 하거나 여러분의 행동이 아무 의미 없는 것은 아닙니다. 운동에 새로운 포스터 디자인, 새로운 미술, 새로운 동료(지지자), 새로운(구체적인) 문제와 새로운 목표 같은 새로운 활기와 에너지가 필요하다는 뜻입니다. 사람들은 무언가에 에너지를 느끼고 흥분하고 싶어 합니다. 계속해서 새로운 방법들을 시도해 보세요.

8단계. 자기 자신을 잃지 말자. 우선순위를 매기자

무언가를 실천하느라 여러분의 생활과 시간이 모조리 빨려 들어가는 것 같으면, 잠시 뒤로 물러서서 쉬면서 여러분이 해야 할 일을 먼저 하세요. 여러분 앞에는 여러분이 만들어 갈 인생이 있습니다. 하지만 스스로 무너져 내린다면 아무 소용이 없습니다.

만약 여러분이 무언가에 몰입했다면 뒤로 물러서는 건 생각만큼 쉽지 않을 수 있습니다. 일단 시작했기에, 뒤로 물러서면 충분히 해내지 못한 것 같다는 생각이 들기도 하거든요. 행동주의에 다가가는 최고의 방법은 보다 더 작은 목표로 시작하는 거예요. 이를테면, 학교의 관련 규칙 하나를 바꾼다거나 신고 의무에 대헤 학생들을 교육하는 것 등이 있습니다. 더 작은 목표는 실제로 더 빨리 이루어 낼 수 있습니다.

그것은 성취감을 느끼게 하죠. 만약 여러분이 '성적 괴롭힘을 영원히 추방하는 것'을 목표로 정했다면, 자신의 운동에 절대 행복감을 느끼지 못할 수도 있어요.

(2) 학교 밖에서 괴롭힘과 싸우는 것

#미투는 상당히 큰 문제이고, 학교 울타리 밖에서 해야 할 일이 아주 많습니다.

내가 이렇게 말할 수 있으면 좋겠어요.

"그냥 운동에 함께 참여하자!"

하지만 #미투는 이보다 훨씬 더 복잡합니다. 이 운동의 창시자 타라나 버크는 'Girls for Gender Equity'라는 조직을 운영합니다. 그곳에서는 성폭력 생존자와 그들을 지지하는 사람들을 위해 아주 훌륭한 자원 사이트를 관리합니다.

#미투는 분명히 힘을 얻고 있습니다.

예를 들어, 2017년 미국 의회의 미투 법안(Me Too Congress Act)은

백악관 근로자들이 성적 괴롭힘에 관한 청원을 보다 쉽게 제출하게 도와
주었습니다. 군대 해시태그 #MeTooMilitary는 군인들을 위해 만들었
고, 특정 직업에 해당되는 피해자들을 보호하기 위한 해시태그도 생겨났
어요. 타라나 버크는 이런 해시태그를 만들지 않았지만 #미투는 기본 원
칙이 되었어요. 그래서 누구든 변화에 바람을 불러일으킬 수 있습니다.

그러니 여러분이 이 운동에 함께한다는 것은 성 학대, 동의, 괴롭힘,
피해자 후원, 또는 이 책에서 언급한 성 학대와 관련한 특정한 단체와
연결된다는 뜻이에요. 원래의 #미투 그룹에 그냥 합류할 수는 없지만,
참여할 수 있는 방법을 알려 줄게요.

지지하는 단체를 선택해요.

지지하는 단체를 선택하는 건 아주 중요한 발걸음입니다. 여러분을
힘차게 이끌 수 있는, 그래서 옳은 일을 위해 싸워 나갈 때 부딪히는
힘든 일과 피로감을 기꺼이 견뎌 줄 단체를 찾아야 합니다.

여러분이 마음에 담아 둔 단체가 없다면, 고르는 데 시간과 조사가
필요할 거예요. 먼저 여러분이 지지하고 싶은 조직, 지원하고

싶지 않은 조직을 골라도 좋아요. 여러분에게 의미 있어 보이는 현재의
법정 사건, 부당한 법, 또는 제대로 대우받지 못하는 특정한 사람 또는
집단을 고를 수도 있고요. 이 모든 건 #미투 운동의 구체적이고 개별적
인 명분입니다. 지금부터 여러분이 지지하는 단체를 찾는 몇 가지 아이
디어를 보여 주겠습니다.

① 지역의 가족 또는 위기 아동 센터를 확인하자
이런 조직들은 트라우마를 겪은 아이들에게 도움을 주기 위해 노력
합니다. 이런 단체에서 자원봉사자로 활동할 수도 있습니다.

② 기타 지역 사회에서 추진하는 것들
시청의 웹 사이트나 소식지, 또는 도서관의 안내문 등을 살펴보며 그
지역에서 추진하는 다양한 지원 제도를 찾을 수 있을 거예요. 온라인에
서 내가 사는 지역의 활동 내용과 일정을 찾을 수 있을 거예요. 그중에
서 여러분의 흥미를 끄는 지역 기관들을 구독하고 팔로우할 수 있어요.

③ 지방 자치 기관들
지방 자치 단체에는 인가받은 비영리 기관들이 있습니다. 이런 기관
들은 도움의 손길을 필요로 하고 있어요. 이런 비영리 기관들을 찾아보
세요.

④ 전국 단위 성 학대 반대 비영리 기관들
그 외에도 인가받은 전국 비영리 기관들이 있습니다. 이런 기관들은
보통 참여와 기부를 기다리고 있습니다.

⑤ 현재 이슈가 되는 사건을 찾자

지금 현재 시 의회에서 논의되는 성희롱 방지 법률과 관련해 동의하기 어려운 것이 있나요? 판사가 내린 성 학대 사건 판결 때문에 화가 나나요? #미투에 반대하는 운동이 전 세계적으로 진행 중인가요? 이렇게 크게 이슈가 되고 있는 일들에 관심을 가지다 보면 다양한 활동과 관련 기관에 대해 알 수 있어요.

⑥ 그 단체가 추구하는 바가 정당한 것인지 확인하자

인터넷상에는 엄청나게 많은 단체와 기관이 있습니다. 그중에는 목표가 불분명한 비공식적인 집단들도 있어요. 이 중에는 여러분의 시간을 낭비하게 하는 집단도 있을 수 있습니다. 또는 여러분은 성 학대와 싸우는 걸 도와줬다고 생각했는데, 알고 보니 정치 입후보자를 선전하는 일에 이용당했을지도 모르죠. 최악의 경우, 거짓된 내용으로 선동해서 많은 사람들에게 혼란과 피해를 주는 일도 있습니다.

단체가 추구하는 바가 명확하고 정당하다는 확신을 갖고 이에 동참하려면, 공식적인 기관인지 먼저 확인하세요. 또는 공식적인 단체들과 연결된 곳인지 확인해 보세요.

(3) 지지하는 단체를 위해 실천하는 방법
1. 기금 모금

기금 모금은 누군가를 실질적으로 돕는 좋은 방법입니다. 성 학대 피해자를 위해 활동하는 비영리 기관에는 늘 더 많은 펀딩이 필요합니다. 돕고자 하는 조직이나 기관에서 멀리 떨어진 곳에 살아서 직접 여러 가지 활동에 참여할 수 없더라도 기금 모금에는 참여할 수 있습니다.

① 기금을 모으기 위한 시장을 연다

바자회, 수공예품 판매, 티셔츠 판매, 도서 판매, 자선을 위한 복권 판매 등은 기금을 모으는 일반적인 방법입니다. 얻은 수익을 여러분이 선택한 단체에 보내면 됩니다.

② 온라인 크라우드소싱 캠페인을 시작하자

페이스북, 인스타그램, 유튜브, 또는 여러분이 직접 운영하는 웹 사이트에서 캠페인을 시작해도 좋습니다. 구체적인 목표 금액이나 일정이 정해져 있는 게 좋아요. 예를 들어, '성 학대 자각의 달' 행사를 개최한다고 합시다. 500만 원을 목표로 4월 1일부터 4월 30일까지 기금 모금 활동을 하겠다고 계획을 세울 수 있겠죠. 소셜 미디어, 지역 사회 모임, 또는 학교 방송을 통해 관련 내용을 알리는 것도 좋을 것 같군요.

③ 생일 선물 대신 지지하는 단체에 돈을 기부해 달라고 부탁하자

신상 게임기와 상품권, 스타벅스 기프트 카드 선물을 포기하는 건 쉬운 일이 아닐 수 있습니다. 하지만 주변 사람들에게 어딘가에 기부를 부탁하는 것은 엄청난 기회가 될 수 있습니다. 이런 방법은 내 자신의 생각과 의지를 전달하는 데 효과적일 뿐 아니라 부탁을 받은 사람의 관심을 이끌어 낼 수도 있어요. 친구들도 여러분을 따라 할지 몰라요! 하지만 만약 선물을 포기해서 여러분이 우울해진다면, 억지로 스스로를 몰아붙이지는 마세요.

④ 기금 모금 행사를 열자

댄스, 달리기, 귀신의 집, 또는 수영장 파티 등 이벤트를 개최해서

기금을 모을 수도 있습니다. 꼼꼼한 계획이 필요하겠죠. 이벤트를 위한 공간, 간식, 보험 등을 감당하기 위해 초기 자금이 필요할 수도 있습니다. 비영리 조직을 직접 꾸릴 수 있다면 훨씬 좋지요. 학교의 도움을 받을 수 있는지 알아보는 것도 좋아요.

⑤ 물건을 기부받자

음식, 옷, 또는 책 기부는 필요한 사람들에게 직접 도움을 줄 수 있는 좋은 방법입니다. 학대당하는 아이들은 때때로 가정과 기관에서 지내게 됩니다. 아이들에게 이런 물건은 무척 요긴할 거예요. 학교 로비에 바구니를 비치해 친구들에게 집에서 안 쓰는 물건을 가져오도록 해 보세요.

하지만 정말로 직접적인 도움이 되려면 몇 가지 확인할 것들이 있습니다.

- 기관 또는 단체에 먼저 물어보자.

대부분의 경우 학대 피해자를 위한 비영리 기관들은 돈과 물품 지원을 받으면 무척 기뻐합니다. 하지만 우리가 그런 기관의 내부 사정을 속속들이 알 수는 없습니다. 어떤 기관은 유명무실하거나, 사업을 이미 접었거나, 기부금을 받을 수 없거나, 또는 아주 특이한 방식으로만 돈과 물품을 받아야 할 수도 있어요. 기금을 모으기 전에 이런 것들을 미리 알고 있어야 합니다. 관련된 내용을 먼저 기관에 확인하세요.

- 관계자에게 도움을 받자.

학생회 대표, 학교 이사회 구성원, 그리고 여러분이 지지하는 단체, 부모님들과 이야기를 해 보세요. 기금 모금을 더 널리 홍보할 수 있는 방법을 포함해 다양한 조언 또는 자원을 해 줄지도 모르죠.

- 언론에 알리자.

지역 언론은 특별 기사, 짧은 알림, 또는 비디오와 팟캐스트 뉴스를 통해 여러분의 기금 모금을 홍보해 줄 수 있습니다.

- 기증자들에게 분명하게 알리자.

모은 돈은 어디에 쓸지, 기증자들에게 투명하게 밝혀야 합니다. 기증자들이 어떤 기관 또는 단체에 돈을 어떻게 사용하는지 물어보면 믿음직하게 대답할 수 있어야 합니다.

- 창의적으로 하자.

연극이나 게임, 기발한 내용의 챌린지 등 더 많은 사람들이 관심을 가질 수 있도록 창의적인 방법을 고민해 보세요.

2. 항의 시위, 보이콧, 그리고 농성

항의 시위는 많은 사람이 주로 야외에 모여 푯말을 들고, 구호를 외치는 방식으로 뜻을 드러내는 것입니다. 보이콧은 대규모 집단이 항의의 뜻으로 어떤 일을 공동으로 받아들이지 않거나 참여하기를 거부하는 거예요. 예를 들어, #미투 운동 활동가들은 하비 와인스타인의 악행이 드러나자 그 사람이 제작한 영화를 보이콧할지를 두고 논쟁을 벌였어요. 농성은 항의자들이 어떤 목적을 이루기 위해 특정한 공간을 점유해 자신들의 요구가 충족될 때까지 시위하는 것입니다.

항의, 보이콧, 또는 농성에 참여하는 건 지지하는 단체를 위한 실천 방법 중에서 가장 강력한 경험이 될 수 있습니다. 공동체의 일원이라는 느낌이 드는 동시에 함께 참여한 사람들로부터 힘을 얻습니다. 또한 언론의 관심을 끄는 멋진 방법이기도 합니다. 하지만 항의 시위와 농성은 위험할 수도 있어요. 부모님이나 보호자와 함께 참여하도록 하세요. 또한 항의 시위나 농성이 무엇을 위한 것인지, 내용이 정당한지 꼭 확인해야 합니다.

3. 소셜 미디어 운동

#미투 운동은 온라인으로 널리 퍼졌습니다. 다른 수많은 전국적인 운동들도 마찬가지예요. 만약 소셜 미디어 운동을 다음 단계로 끌고 가고 싶다면, 해시태그를 널리 퍼트릴 수 있습니다. 또는 새로운 해시태그를 시작할 수도 있습니다. 또한 사람들의 관심을 끌어들일 수 있는 영상, 밈, 팟캐스트, 독창적인 웹 사이트를 제작할 수 있습니다. 만약 여러분이 소셜 미디어 운동을 시작하거나 이에 공헌할 아이디어가 있다면, 글이나 영상을 인터넷상에 올리기 전에 여러분을 돌봐 주는 사람과 믿을 만한 어른들에게 확인을 받으세요. 그렇게 하는 게 창조적이면서도 안전한 방법입니다.

4. 자원봉사

성 학대와 관련된 기관에서의 자원봉사 기회는 여러분이 고등학교 또는 대학교에 진학할 때까지는 매우 제한적입니다. 이런 조직에서 일하는 건 민감한 문제이기에, 이들 대부분은 자원봉사자들의 최소 연령 제한을 두고 있습니다.

기관과 단체의 성격과 업무에 따라 여러분이 자원봉사로 참여할 수 있는 내용이 있는지 단체에 확인해 보세요. 그리고 이 내용을 꼭 부모님이나 보호자와 상의해서 결정해야 합니다.

(4) 전 세계 차원에서 성 학대와 싸우는 법

이 장은 아주 심각한 수준의 폭력적이고 성적인 내용이 들어 있습니다.
어떤 면에서, 이 책에서 가장 잔인한 부분일지도 모릅니다.

전 세계적으로 볼 때, 몇몇 나라의 성 학대 사례는 굉장히 충격적이고 참혹합니다. 오랜 내전이나 악습으로 끔찍한 인권 침해가 벌어지고 있는 나라들입니다. 이런 나라들에서는 성 학대, 폭력, 성매매가 체계적으로 공공연하게 만연되어 있기도 합니다. 성 학대가 닫힌 문 뒤에서 아무도 모르게 전개되는 게 아니라는 뜻입니다. 정부, 경찰, 군인들에 의해 이런 범죄 행위가 일어나고 있습니다. 또는 소위 말하는 '문화'의 일부로 여겨져 처벌도 받지 않고 일상적으로 일어나고 있다는 뜻이기도 하고요.

최근의 연구에 따르면, 이 책을 쓰는 지금 파키스탄, 이집트, 모잠비크는 난폭한 성 학대와 착취로 아이들에게는 세상에서 가장 끔찍한 나라라고 할 수 있습니다.

물론 아동 성폭력은 거의 모든 곳에서 일어나고 있습니다. 영국 어린이 20명 중 한 명은 학대를 경험했습니다. 가장 안전한 국가라고 여겨지는 곳이 그렇다는 뜻입니다.

미국도 마찬가지입니다. 미국 국경에 막혀 있는 수천 명의 아이들이 지난 4년 동안 성 학대에 시달렸다는 사실이 드러났습니다. 수많은 아이들이 오랫동안 부모를 만나지 못했습니다. 말도 안 된다고요? 하지만 사실입니다.

전 세계가 달라져야 합니다.

이런 위기의 나라와 집단들에게 우리가 알고 있는 #미투 운동은 적용되지 않습니다. 이 책의 대부분 또한 적용되지 않아요. 전 세계적 차원에서, #미투 운동은 큰 혜택을 누리는 곳에서 일어나고 있습니다. 몇몇 나라에서는 기본적인 젠더 권리도 없습니다.(예를 들어, 남수단의 경우, 학교에 갈 수 있는 여자아이는 무척 드물어요.) 또는 사법 체계가 너무 부패해서 정의를 구하기가 어렵습니다.(아프가니스탄처럼.) 또는 찢어지게 가난해서 여자아이들은 음식을 구하려면 몸을 파는 것 말고 다른 선택의 여지가 없기도 합니다.(모잠비크의 수많은 여자아이들의 경우) 베트남의 10대 여자아이들은 납치당해 중국에 성 노예로 팔려 가는 경우가 많습니다. 이 경우, 가족의 품에 영영 돌아가지 못합니다. 아프리카, 중동, 아시아에서 2억 명 이상의 여자아이들이 여성 할례를 강요받고 있습니다. 여성 할례는 클리토리스를 수술로 없애 여자아이들의 성 정체성을 통제하려는 야만적인 짓입니다. 그 과정에서 심각한 육체적, 정신적, 성적 문제를 불러일으킬 수 있습니다.

이런 아이들에게 스스로를 위해 당당히 말하라고, 교실에서 권리를 주장하라고, 또는 소셜 미디어에서의 성적 괴롭힘에 반대해 분연히 일어서라고 말할 수 없습니다. 상담은 물론 교실 또는 인터넷에 접근하는 것조차 엄청난 사치일 수 있으니까요. 또한 자신들을 억압하는 사람들에 대항해 일어나는 건 죽음을 각오해야 하는 일입니다. 상담이 중요하지만, 음식과 깨끗한 물만큼 중요하지 않을지도 몰라요. 그 아이들이 처한 상황은 이 책에서 다루는 범위를 벗어납니다.

나는 그 아이들을 위한 책을 쓸 자격이 없습니다. 나는 상대적으로 엄청난 혜택을 누리는 곳에서 살고 있으니까요. 이 책을 읽고 있는 여러분도 마찬가지일 거예요. 만약 우리가 그런 아이들을 도우려면 우리의 힘과 특권을 자각하는 게 중요합니다.

우리는 우리의 상황을 개선하고 공동체의 진보를 이루어 내는 일을 꾸준히 이어 가야 합니다. 하지만 우리보다 어려운 환경에 처한 수많은 소녀를 또한 기억해야 합니다. 그 아이들의 삶이 일상적으로 위기에 처해 있다는 것만 빼고, 그 아이들 또한 우리와 같은 인간입니다. 앞에서 말한 힘의 역학 관계에서 지녀야 할 황금률을 기억합시다. 우리는 그 아이들보다 강한 힘을 지니고 있습니다. 그 아이들은 우리보다 힘이 약합니다. 그 아이들은 취약합니다. 그 아이들의 상황을 개선하고, 지원하기 위해 우리가 할 수 있는 일을 하는 게 우리의 의무입니다.

인정된 기관을 위해 기금을 모으는 건 여러분이 전 세계의 고통받는 여자아이들을 위해 할 수 있는 최고의 일입니다. 그 일을 위해 여러분이 살고 있는 거리에서 시위를 하는 건 별 도움이 되지 않을지도 몰라요. 여러분이 어느 정도 자랄 때까지는 해당 국가에 가서 직접 관여할 수는 없지요.

하지만 만약 여러분이 '전 세계 성 학대 타파'라는 목표를 위해 기금을 모으는 데 관심이 있다면, 앞의 기금 모금 부분을 다시 읽어 보세요. 그러고 나서 기부를 받는 국제 조직들을 확인해 보세요.

이 밖에 수많은 기관들이 지구촌 곳곳에서 자행되는 성 학대에 맞서 싸우고 있습니다. 하지만 기관을 찾아볼 때 비정부 기구에 기부하는 것인지 꼭 확인해 보세요. 그것이 가장 안전하고 공식적인 기부입니다.

기금을 모으기 위해 직접 조직을 꾸리고 싶다면, 방대한 조사, 시간, 열정이 필요합니다. 하지만 만약 시간과 열정이 있다면 얼마든지 할 수 있습니다.

⌈ 마지막 이야기들 ⌉

다음에 나오는 이야기는 모두 실화입니다.

캐나다의 크레이그 킬버거는 열두 살 때 신문 기사를 보다 너무나도 기가 막힌 이야기를 발견했어요. 파키스탄 출신의 열두 살 노예 아이가 인권을 위해 나섰다 살해당했다는 내용이었습니다. 너무나도 화가 난 크레이그는 마크 형과 7학년 아이들을 모아 위 채리티(We Charity)라는 어린이 인권 단체를 만들었어요. 그 단체는 세계 곳곳의 가족들이 자립해서 살수 있도록 돕고 있습니다.

미국 로스앤젤레스에 사는 열 살 룰루 세론은 레모네이드 한 잔 값인 1달러로 아프리카에 사는 한 가족에게 1년 내내 깨끗한 마실 물을 제공해줄 수 있다는 이야기를 듣고 아이디어를 얻었습니다. 8년 뒤, 룰루는 아프리카의 깨끗한 물과 다양한 도움을 위해 15만 달러를 모았습니다. 룰루가 이끄는 레몬AID 전사(LemonAID Warriors)는 행동주의를 우리 세대 사회적 삶의 일부로 만드는 방법을 알려 주는 본보기라 할 수 있습니다.

네하 굽타는 아홉 살 때 인도에 있는 부모님의 고향 마을을 방문했습니다. 그리고 그 지역에 사는 고아들이 처한 생활 환경을 보고 깜짝 놀랐어요. 미국 펜실베이니아 집으로 돌아온 네하는 장난감을 모조리 팔아 모은 돈을 인도의 고아원을 돕는 데 기부했습니다. 네하는 지금 비영리 단체인 임파워 오펀스(Empower Orphans)를 운영하고 있습니다. 이곳은 자선단체로, 세계 곳곳의 가난한 고아들을 돕기 위해 130만 달러를 모았습니다. 네하는 2014년에 국제 어린이 평화상(International Children's Peace Prize)을 받았습니다.

네하, 룰루, 크레이그는 작은 일로 시작했지만 놀랍고도 대단한 성취를 이루어 냈어요.

우리에게는 이처럼 성 학대에 대항해 맞서고 함께 연대할 사람들이 필요합니다. 우리에게는 학교, 가족, 미래의 일자리, 대학, 투표장으로 #미투 깃발을 들고 가는 사람이 필요합니다. 이것은 노력, 창의성, 단합, 헌신, 공감, 용기가 필요한 일입니다. 또한 여러분이 지금 이 책을 통해 배우고 있는 것처럼 성 학대에 대한 교육이 필요할 거예요. 우리가 배울 게 참으로 많습니다. 그런 의미에서 여러분은 이미 앞서 나가고 있습니다.

우리가 사는 세상의 법과 절차는 물론이고 우리의 사고방식이 변해야 합니다. 용감한 연대와 더 용감한 피해자들이 필요합니다.

크레이그, 룰루, 네하의 여정처럼, 여러분의 여정은 작게 시작할 수 있습니다. 이 여정은 가해자가 아닌 피해자를 비난하는 친구에게 그것이 잘못된 태도라고 말하는 일부터 시작할 수 있습니다. 또는 이 책의 중요한 정보를 친구들과 공유하는 것도 좋은 출발이 될 겁니다. 어쩌면 언젠가 여러분은 가해자의 행위를 사람들에게 알려야 할지도 모릅니다.(여러분이 읽었듯이, 그건 엄청난 일입니다.) 또는 피해자 곁에서 든든한 연대를 보여 줄지도 몰라요. 어쩌면 여러분은 학교, 공동체, 또는 국가를 넘어 운동을 시작할지도 모르겠습니다.

무엇보다, 학대 피해자들은 보호받아야 하고, 이들을 격려하고 믿어주어야 합니다.

우리가 사는 세상은 완벽하게 공정한 세상이 아닙니다. 성 학대를 뿌리 뽑기까지 우리가 가야 할 길은 아주 멀어요. 하지만 희망을 잃지 말도록 해요. 네하, 룰라, 크레이그 이야기를 읽고, 이 책에 나온 다른 모든 이야기처럼, 이것을 더 나은 세상을 만드는 에너지로 삼읍시다. 여러분에게는 생각보다 훨씬 큰 힘이 있습니다.

그 힘을 멋지게 사용합시다.

성 학대 유형

성폭력	성폭력은 성(Sexuality)과 폭력(Violence)의 결합어로 성폭력의 개념은 다양하게 규정되고 있으나 개인의 성적 자기 결정권의 침해를 가져오는 강제성이 들어가는 행위라고 할 수 있다. 강간이나 강제 추행뿐만 아니라 언어적 성희롱, 음란성 메시지, 몰래카메라 등 상대방의 의사에 반하여 가해지는 모든 신체적, 정신적 폭력을 말한다.
아동 성폭력	아동 성폭력이란 '아동에게 가해지는 성폭력'으로 넓게 보면 법상 미성년자인 20세 미만의 아동과 청소년에 대한 강간, 추행 등의 성폭력이라고 할 수 있고, 좁게 보면 16세 미만의 아동에 대한 성적인 행위라고 할 수 있다. 아동 성폭력의 약 80퍼센트는 아는 사람에 의해 일어나고 있다. 가벼워 보이는 신체 접촉도 피해 아동이 성적 수치심이나 혐오감을 느꼈다면 처벌 대상이 될 수 있다.
성희롱	성적인 말과 행동으로 상대방에게 성적 수치심, 굴욕감, 또는 혐오감을 느끼게 하는 모든 행위를 포괄적으로 가리킨다. 성희롱의 유형에는 '신체적', '언어적', '시각적', '분위기' 등이 있다.

성 학대	보호 또는 양육의 대상인 아동 및 청소년에 대한 성적 가혹 행위, 강간, 유사 강간, 강제 추행, 성희롱, 스토킹, 사이버 성폭력, 친족에 의한 성폭력 등이 있다.
그루밍	피해자에 대한 성적 착취를 수월하게 하고, 피해자가 성폭력, 성범죄를 제3자에게 폭로하지 못하도록 하려는 목적에서 이루어진다. 특별한 관심과 애정, 선물을 제공하면서 피해자의 신뢰를 얻는다. 이를 바탕으로 두 사람만 함께 있는 상황을 만들면서 피해자를 고립시키고, 관계를 성적으로 만들며, 이러한 성적 관계를 일상적으로 만든다. 이후 비밀 유지 및 관계의 상실 등을 부각시키며 피해자를 계속 통제한다.
학교 내 성희롱	학교 내 성희롱은 교사와 학생 사이 또는 학교 내 직원 등이 수업 중이나 특별 활동 중에 상대방의 의사에 반하여 행하는 성적인 언어나 행위(신체적, 언어적, 시각적)로 피해자들에게 성적 불쾌감과 모욕감을 주는 행위를 말한다.
학교 관련 젠더 폭력	학교 안과 밖에서 일어나는 성적, 신체적, 심리적 폭력 행위 또는 위협을 말한다. 젠더에 대한 규범과 고정 관념의 결과로 행해지고 '불평등한 권력의 차이'에 의해 가해지기도 한다. 여기에는 언어적 폭력, 괴롭힘, 성폭력, 성희롱, 강간과 같은 다양한 형태의 성적, 신체적, 심리적 폭력이 포함된다.
디지털 (올라인) 성범죄	동의 없이 사진이나 영상을 촬영·유포하거나 이를 빌미로 협박하는 행위, 허위 영상물 편집·합성·가공 및 반포, 인터넷상에서의 성적 괴롭힘 등을 의미한다.

상담 및 신고 절차

1. **상담**	교육, 의료, 아동 복지 종사자 등 '신고 의무자'는 상담 후 피해 사실이 확인되면 즉시 경찰에 신고해야 한다. 성폭력피해자 지원센터 1899-3075 여성긴급전화 1366 학교폭력 상담 및 신고센터 117 서울 해바라기센터 www.help0365.or.kr 서울 해바라기센터(아동) www.child1375.or.kr 탁틴내일 02-3141-6191, www.tacteen.net 한국 성폭력 상담소 02-338-5801, www.sisters.or.kr 성포탈 아우성 상담실 02-332-9978, www.aoosung.com 아하 서울시립 청소년성문화센터 02-2677-9220, www.ahacenter.kr ＊ 해바라기센터는 지역별로 센터가 나뉘어 있으며, 성폭력 피해를 입은 아동의 상담, 의료, 법률, 심리 등을 지원한다. **신고** 경찰청 112
2. **긴급 조치**	학교 내외 상담실을 통해 상담, 치료, 법률 지원 등 적절한 조치를 취한다. 담당 교사는 현장을 보존하고, 병원 이송 시 피해자와 함께 동행하며 피해자를 지지한다. 학교 내 피해자와 가해자를 분리하고, 친족 성폭력 등 보호자로부터 격리가 필요한 경우 아동 보조 전문 기관 또는 여성긴급전화로 연계한다. 피해자의 보호자에 연락하고 교육청에 보고한다.
3. **후속 지원**	학교는 피해자에게 상담과 조사 일정을 감안한 학습을 지원한다. 성폭력 예방 교육을 실시한다. 이때 개인 신상 정보가 공개되어 2차 피해가 발생하지 않도록 유의한다. 교육청은 해당 성폭력 사안에 컨설팅을 실시하고 현장 지원한다. 학교안전공제회는 피해 학생의 신속한 치료를 위한 치료비를 선지원한다.

법적 절차

성폭력 범죄는 성폭력 특별법(성폭력 범죄의 처벌 등에 관한 특례법)이나
형법, 아청법(아동·청소년의 성 보호에 관한 법률) 등에 의해
가해자에 대한 법적 처벌이 가능하다.

형사 소송	성폭력 범죄의 처벌 등에 관한 특례법이나 형법, 아동·청소년의 성 보호에 관한 법률에 의해 강간·미성년자 간음·추행 등의 성폭력 범죄를 고소·고발할 수 있다. 이에 따라 가해자는 징역형·벌금형·사회봉사명령·수강명령 등의 법적 처벌을 받을 수 있다.
민사 소송	피해자는 가해자의 가해 행위에 대해 손해 배상을 청구할 수 있다. 민사 판결은 형사 판결과 달리 가해자에게 징역형이나 벌금형 등을 부과하는 것이 아니라 피해자에게 금전적인 배상을 명령한다.

* 이 외에도 자신에게 놓인 상황에 따라 다양한 대응이 가능하다. 법적 절차
를 밟을 경우 증거 수집 등, 초기 대처가 아주 중요하므로 혼자 가해자에게 대
응하기보다 성폭력 상담소의 상담과 지원을 통해 같이 대응하는 것이 좋다.

#미투, 그리고 나와 너

초판 1쇄 발행 2022년 1월 3일

글 **핼리 본디** | 그림 **이주미** | 옮김 **김선희**

ISBN 979-11-6581-343-7 (43300)

발행처 주식회사 스푼북 | **발행인** 박상희 | **총괄** 김남원
편집 박지연 · 김선영 · 박선정 · 권새미 | **디자인** 지현정 · 김광휘 | **마케팅** 손준연 · 한승혜 · 이성호
출판신고 2016년 11월 15일 제2017-000267호
주소 (03993) 서울시 마포구 월드컵북로 6길 88-7 ky21빌딩 2층
전화 02-6357-0050(편집) 02-6357-0051(마케팅)
팩스 02-6357-0052 | **전자우편** book@spoonbook.co.kr